十力

十力
文化

十力
文化

十力文化

圖解 3小時瞭解各國的盤算

「地緣政治 修訂版」

主權、資源與戰爭

嘉悅大學教授 高橋洋一

An Illustrated Guide to Study of Geopolitics

Dr. Yoichi Takahashi

【前言】

為什麼，中國對釣漁台列嶼和南沙群島如此執著？

為什麼，俄羅斯與西歐其他國家格格不入、特立獨行？

為什麼，美國自大地將自身邏輯套用在其他國家身上呢？

想要回答這些問題，就必須得從國家與地域這個「地理條件」的角度切入，也就是本書名「地緣政治」來思考。簡單來說，就是由地理思維宏觀世界戰爭的歷史，如此一來就可以進一步更深入瞭解國際關係。

二〇一五年五月中，筆者在與ASA出版社責任編輯的談話中得到了本書的創作契機。當初其實只是很隨意地聊天，忽然談到「下次來寫一本地緣政治的入門書好了」，就這樣決定內容了。每次討論主題時都差不多是由一樣的模式來決定寫作方向，因此不要感到太驚訝。不過要寫成一本書的話，還是必須得先仔細解釋什麼是「地緣政治」才行。

什麼是「地緣政治」？

本書當然會有詳細的說明，不過一言以蔽之，地緣政治就是與「世界戰爭史」有關的知識。一個國家會因爲位於地球上的哪個位置，而面臨何種地理危機？或是由於地理先天優勢而迅速發展。

一個國家的性格，也就是俗稱的「民族性」、「國家性」，雖然說應該是以國民個性爲主要形成原因，但是地理條件也是該國性格發展中不可或缺的一環。

在這之中，最能具體彰顯的危機意識以及戰略思考，非戰爭莫屬了。

在有限的地理條件下，各國在各自發展有了強弱區別後，就會開始產生弱肉強食的侵略野心，也因此引發各式各樣的戰爭。而所有的戰爭中，又因爲各國地理條件的差異性，影響各國不同的「眞實事件」的發生。

就這樣學習戰爭的歷史，也就是所謂的地緣政治，由此放眼國際，就能學會如何更深入理解國際社會衝突與競爭的根本原因。

如果僅從自身觀點遙望世界的話，說穿了也只是井底之蛙而已。

但如果嘗試輔以地緣政治來理解、觀察各國動向後，就能清楚發現各國目前所面臨的進退維谷的各項課題。用這種方式就能以更宏遠的視角來觀察全局，擺脫井底之蛙的思考方式，才是眞正的國際思維。

最後，這些國家今後要如何在國際上斡旋，以這類的戰略作爲思考主體，才能眞正地運用國際思維做出正確的判斷。

本書將現今的國際局勢大致分爲四個部分，「中國」、「俄羅斯」、「歐洲」、「美國」，以此爲起點進入世界戰爭的歷史吧！

因爲若僅由歷史學的觀點來觀察或解釋國際現況的話，很容易會有缺漏之處，甚至可以說是很粗略的簡介。

不過，本書的目的並不在於詳解歷史，或是朝著歷史專書的方向所著，而是將這些歷史知識轉化爲現代的知識，進而成爲思考的憑藉。

因此，筆者可以說是故意粗略地介紹世界史，使悠長的歷史能夠組成一個大致的架構，再將其融會貫通至現今國際社會的實況中。

本書有不少與歷史上知名戰役有關的內容，讀者或許會覺得有點熟悉。

爲什麼理組背景出身的筆者會鑽研歷史呢？有這種想法的讀者應該不少吧？事實上，筆者在中學時期非常喜歡歷史課，只不過筆者是用自己的方法來學習。首先記住歷史年代，並對照腦中的地圖，再用獨創方法整理後，才開始讀課本內容。

筆者也是應用此方式完成本書。（順便一提，我雖然是經濟研究專業，但留學美國時專攻的卻是國際政治，另外還有外交連載專欄，文章刊登數量跟經濟相關的文章差不多，而外交議題與地緣政治有很大的關聯性。）

因此，在各章的開頭都會有年表供讀者參考，本書的結構內容大概與其他書籍有點不一樣，不過這也是閱讀的樂趣之一，希望各位讀者能夠樂在其中。

跳脫井底之蛙，轉變成眞正的全球性思維，單刀直入地理解我們現在生活的這個地球村吧！

本書如果能夠成爲讀者們轉變的契機就太好了！

高橋洋一

第1章

追求更寬廣、更優渥土地的「戰爭的歷史」——地緣政治

第2章

無論如何先「擴展海域」的中國

第3章 從古至今一路向南的俄羅斯

第4章 反覆對立衝突，最終建立「共同體」的歐洲

第5章 昔日的「世界警察」——美國

終章

地緣政治今後的走向

第 1 章

追求更寬廣、更優渥土地的「戰爭的歷史」——地緣政治

「溯溪而上，橫跨海洋」

—什麼是地緣政治？

「地緣政治」—即是「**一個國家因為地理環境因素，進而影響與鄰國之間的政治、軍事、經濟等相關知識**」，而其最為直接的表現，就是戰爭。

因此，若以簡單的一句話來定義，就是指「**探討造成戰爭起因的歷史事件**」。

什麼是地理條件呢？

地理條件是指，國家的領土以及鄰近國家的區域、地形、環境。這是因為領土是國與國之間互相爭奪而來，也就是指領土是透過戰爭獲得的，因此說**地緣政治是學習戰爭的歷史**也不為過。

筆者當初被分派到日本大藏省（現今的財務省）時，最先被教導的守則就是「**溯溪而上，橫跨海洋」的思考方式**。

「溯溪而上」意即「回溯歷史源頭來思考」。

「橫跨海洋」意指「參考國際事例」。

地緣政治學，上溯至河川的源流，並橫跨海洋的思考，也可以說是「完全適用於戰爭的實踐理論」吧！

回顧人類最初原始的社會，其實並沒有所謂「國家」的概念，當然也不會有「國境」這名詞。然後不知何故，人類開始以群體、集體來行動生活，這即是同族意識的萌生（民族主義）。

接著，對「從這裡到那裡是我們的土地」這樣的領土意識開始萌芽，因此也會不時地發生土地爭奪事件……大概在原始社會的晚期，開始有了「國家」這個詞彙。

人類開始以民族、國家為單位，而有了身分的概念；也會為了自己所屬的民族或國家的利益而影響行動，政治家和君主也就因此誕生了。

筆者並非專門研究人類學的學者，因此先不談社會組織究竟如何形成的。不過，我們**必須先瞭解以國家、領土，或是民族為單位所造成的戰爭的歷史，才能將知識融會貫通地運用到現代國際關係**。

歷史，並非偶然的產物。

少數引起的單一事件或許也會產生某些影響，**但幾乎沒有例外地，其歷史背景都是由「國家的定義」、「企圖心」，更明確地說是由「野心」所造成的**。所謂的世界歷史，就是國與國之間不同的定義、企圖心、野心等錯綜複雜、相互競爭的紀錄。

或許會有以研究歷史為己任的人，將這些紀錄想像成「戰爭史詩般的連續劇」，不過事實上，這種情緒是會影響判斷的。

其實，詳細鑽研歷史的細節知識，並不是絕對必要，還不如將重點放在「年代與發生的歷史事件」，冷靜、徹底釐清事實關係後，再將「大致的順序」搞懂，這樣概略性掌握內容即可。不投射個人情感，以全面的觀點重新定位全球發生的戰爭，也就能非常清晰地綜觀全局，瞭解現今國際的情勢究竟如何囉！

還有一個重要的要素，那就是「地緣條件」。

這是因為**國家的野心，基本上也就代表著「執著於領土的野心」**。所謂的戰爭，其實都是為了爭奪領土，以及領土的附帶價值，也就是爭取「更寬廣、更優渥的土地」而造成的結果。

簡單來說，如果日本不是一個與歐亞大陸不相連的島國這樣的地理關係，那麼日本的歷史也許會變得跟現在完全不一樣吧。

或者，以朝鮮半島來說，雖然只是與歐亞大陸稍微連接了尾端的部分，但從古到今總擺脫不了「劈腿」、「蝙蝠」這樣的稱號，而基本上韓國的外交決策也擺脫不了這種走向。

其他像是「為什麼中國現在表現出對太平洋也想分一杯羹的野心？」、「為什麼俄羅斯如此執著克里米亞半島？」、「為什麼現在的歐洲要團結成為一個歐盟呢？」等問題，若從地緣政治的觀點來看，就能恍然大悟。

用這種想法、觀點來觀察國際動向的話，就能以相當務實的觀點思考執政者應如何規劃國家未來的走向了。

土地爭奪，今昔如一

——國與國之間的「拉鋸」戰

以地緣政治的理論來說，即使沒有真槍實彈，但國與國之間的爭奪拉鋸，還是每天都在這個世界上發生。

舉例來說，前蘇聯崩壞成為俄羅斯的時候，原作為前蘇聯緩衝國的東歐諸國，馬上投入了歐盟以及北大西洋公約組織（NATO）的懷抱了，這也是前蘇聯的「退卻」之意。此外，代表東西歐界限的「柏林圍牆」也在一九八九年倒塌了，西歐各國的影響也因此滲入東側，可以說是西歐勢力「推進」前蘇聯的勢力範圍。

再舉更近一點的例子，美國與中國的關係也完全符合「拉鋸」的概念。

長久以來自認為「世界警察」的美國，一直都聲稱以保衛世界安全為核心理念。但二〇一三年九月十日，歐巴馬總統在有關當時世界最大的懸案之一，也就是敘利亞問題的電視演說上指出「美國並非世界警察」。簡單來說，他等於向世界宣布「到目前為止，美國花費了相當多的精力和金錢在努力維護世界的安全，但從現在開始要稍微停手了。」

美國退卻了，這時見機不可失的會是哪個國家呢？最先想到的可能是俄羅斯吧？畢竟在前蘇聯時代就和美國鬥得不可開交。然而，**實際上野心更顯而易見的國家，其實是中國**。中國現今在「海域」上的動作非常大。例如與台灣長久未解決的統獨問題，以及擁有「核心利益」的釣魚台列嶼領域問題；又在可控制南海的南海諸島上，建設飛機跑道等基礎軍事設施，使得越南和菲律賓等鄰近國家憂心忡忡。

用強硬的態度逐步建立海上據點，實在太符合中國的手段風格了。二〇一三年三月習近平成為中國國家主席，他在就任以前就已經明白揭示「以復興偉大的中華民族為目標」。二〇一二年，習近平以國家副主席身分首次訪問美國，並接受華盛頓日報的訪談時，就已經表達了「中國欲與美國共享太平洋」的意思。二〇一三年六月，習近平在成為國家主席後又再次訪美，即使面對歐巴馬總統也毫不避諱野心，還明言說出「太平洋有非常足夠的空間可以容納兩個國家（美國與中國）」。

對方退後的話我就往前推進，這是國際關係間的常識。

甫就任國家主席，美方剛好宣布「不再當世界警察了」，因此習近平乘勝追擊，這也是中國從二〇一四年至今在南沙群島的填海造陸工程絲毫不加遮掩，十分迅速地完成建設的最大動力之一。

但即使態度強硬如中國，也不得不對美國的強大軍事能力有所忌憚，因此只要美方持續以保衛世界安全為己任，中國就不方便強硬表態。但這次美方已經顯現出退讓之意，那麼中國當然就不會放過這個大好機會，任誰都會如此解讀。

說句不好聽的，**國際社會就是這樣「輕視人，要不然被人輕視」**。即使歐巴馬以「不喜歡戰爭」的理由撤出進駐伊拉克的軍隊，但諷刺的是，這種協調講理、穩健的態度在中國看來，卻可能變成「瞧不起中國」。

美國身為日本最大的同盟國，美國總統的一舉一動都會對日本的安全保障產生直接影響。「輕視人，或者被人輕視」的論點，雖然也有贊同與否定的兩派立場，但是從美國前總統小布希強硬的外交政策來看美日的安全保障，倒是有其作用。

由小布希引起開端的戰爭，不管哪一件都遭受國際批評。更有評論認為，伊拉克戰爭只不過是一個藉口，不管如何就是要開戰而已。美國進攻伊拉克的理由是「藏有大量毀滅性武器」，但到目前為止還是沒有發現。

只要被發現稍微離開位子上，馬上就會被趁虛而入的這種國際關係，大家以「如果發生緊急狀況的時候也得繼續坐著嗎」這個觀點來看的話呢？

小布希不光是點名伊拉克跟伊朗，連北韓也一併認為是「恐怖主義」。實際上日本也稍微因而受惠。北韓雖然還是維持一貫的強硬姿態，但因為有小布希這個行動派盯著北韓，因此不想被捲進這場戰爭的中國，始終和北韓保持一定的距離。如同這樣**彼此互相試探實力與行動力，「對方退讓則我前進」的拉鋸戰，在國際政治的舞台上不斷地反覆發生**。

如果在全球國家實力相當的情況下，則敵不動我不動，會保持微妙的平衡。但是一旦有一方退後，另一方馬上遞補。如果暴露出自身的弱點或被抓到把柄，馬上就會被乘虛而入。即使自己已經明言不會宣戰，但也有不吃這套的國家，因此對於這種國家必須也要有另一套的對策才行。

這些都是一直不斷重演的國際政治的常識，讀者們要對此有基本的認識比較好。

比「地緣政治」更重要的「海洋政治」

—海上國家才能奪得霸權

地理條件會左右國家的發展走向，這是地緣政治的前提。

雖然說是「地理」，更嚴謹一點地說，**近代開始，「海洋」比陸地還重要許多。更有說法是，擁有海上霸權的國家，就能稱霸世界**。

由於航海技術的進步，在歐洲擁有權力的國家，紛紛開始航向海外。海的另一邊有許多擁有豐富資源的土地，在成為自己的附屬國家（殖民地）後，就能開始進行有利本國的貿易商業行為，可以讓本國更繁榮。

因此為了能夠順利跨越海洋到達其他國家，首先就必須得征服「海」。也因此**爭奪「更寬廣、更優渥的土地」的這個舞台，開始從陸地拓展至海洋了**。

舉例來說，十九世紀後半葉到二十世紀初的期間，延用古羅馬帝國席捲地中海時

圖1 大不列顛帝國（第一次世界大戰前英國的直屬領土與殖民地）

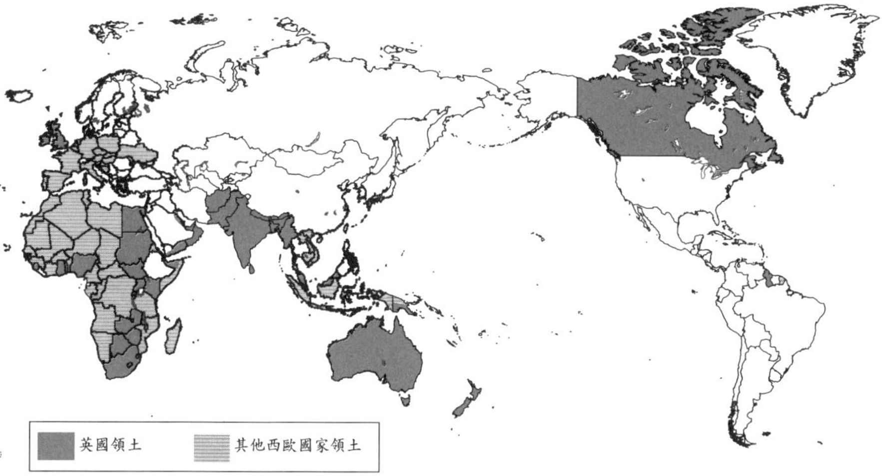

代的羅馬霸權和平(Pax Romana)，當時英國的「不列顛霸權和平(Pax Britannica)」則代表著大不列顛帝國時期的強盛。(圖1)

當時的英國因為工業革命促使生產力大增，以及當時推動的殖民地拓展政策，使得大不列顛壓倒性地遠勝其他歐洲各國。

也就是「一國獨大」的狀態下，沒有其他國家能相提並論、挑戰英國，因此也沒有造成什麼大戰發生，這算是比較和平的時期。

大不列顛帝國的基礎，除了上述的工業革命增強生產力，以及大規模殖民地政策之外，還有另一個重要的因素，就是其優越的海軍實力。

圖2 美國霸權和平（Pax Americana）：美國與其同盟國

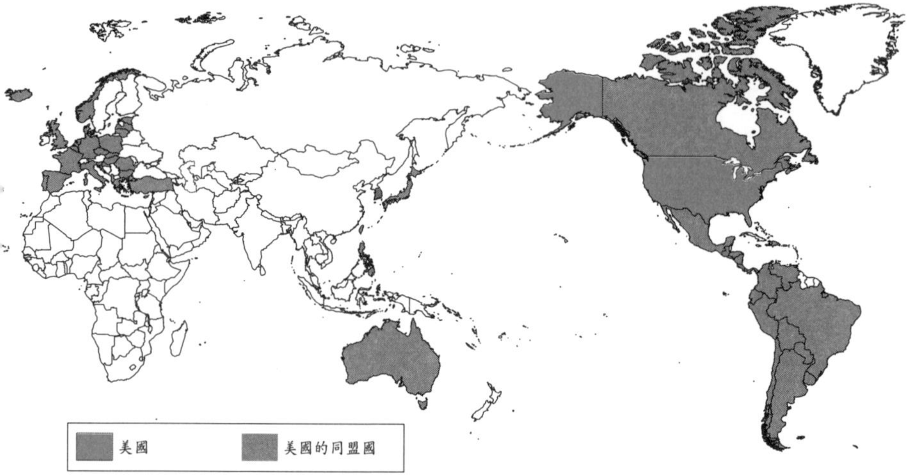

英國在此時稱霸海洋，以印度為據點，支配海洋另一端的國家以達到霸權目的。同時，首先開始對英國不斷地擴張其帝國主義感到不滿的國家，就是德國，結果導致了第一次世界大戰的爆發，也終結了大不列顛霸權和平時代。

其實，還有另一個海上霸權國家是美國。（圖2）

美國位於大西洋以及太平洋兩大海洋之間，與其相連的只有墨西哥和加拿大兩個國家而已。

美洲大陸雖然說是一個幅員廣闊的陸地，但實際上**美國在某種層面也帶有「海洋國家」的意味**。

美洲大陸可以說是在兩大洋中的一個巨大的「島」，美國北側為加拿大，南側是墨西哥。只要與這兩國沒有衝突，基本上是非常安穩的地方。歐洲內部大規模的戰爭不斷地上演，第二次世界大戰才波及到太平洋。但除此之外，美國本土除了本身的內戰，沒有其他外侮的侵略，因此也沒有演變成戰場。

其次，美國是從英國獨立出來的國家，其間雖然有獨立戰爭以及英美戰爭，但撇開兩者複雜的背景，英美兩國還算是長期有著良好的合作關係。

甚至在第二次世界大戰後也與日本結盟，而北大西洋公約組織（NATO）也是與西歐各國組成了同盟關係，幾乎在全世界都有同盟國。

在這樣的關係下，掌握美洲大陸的同時，也從大西洋推及至太平洋，與另一端的國家結合成超級隊伍，美國在兩大洋都有控制權了。

冷戰時期雖然與前蘇聯是兩個對立霸權的國家，但一九九一年蘇聯瓦解後，美國稱霸的時代就來臨了。以強大的軍事能力為背景，美國又是一個以稱霸海洋而變成霸權國家的例子。

為什麼會演變成戰爭呢？

─現在是相對「和平的時代」嗎？

為何從古至今會發生如此多的戰爭？其實只是因為人們都想要更多的土地（資源）罷了。

不過，現今世界的趨勢卻是主張「不戰」。也就是說，與其積極地宣戰來獲得土地，還不如朝避免戰爭的方向努力。

到底是為什麼呢？

應該說因為戰爭帶來的後果讓人類變得比較明智了，避免戰爭才能朝共存共榮的目標前進。

但光就這個答案還是讓人有點疑惑吧？

相較於過往歷史，現在到底算不算是相對和平的時代呢？如果是的話，難道就能說是人類變聰明了，懂得避免戰爭來達到共存共榮的目標嗎？

綜觀人類戰爭歷史的《人性中的良善天使》（Steven Pinker）一書中提到，人類為了爭奪土地會產生各種殘暴、大量殺戮的行為。書中最令人深思的是，其中列舉的歷史重要戰役中的死亡人數圖表（圖3）。

值得注意地，作者將死亡人數以二十世紀中葉的人口為對數比較換算後，再比較排行。二十一件重大戰役中，以死亡人數的絕對數量來看的話，排行第一的是第二次世界大戰。

但是如果用人口換算後的排行來看的話，第一名居然是中國唐朝時期的安史之亂（八世紀），實際的死亡人數是三千六百萬人，換算後居然多達四億二千九百萬。第二名是蒙古西征（十三世紀人口換算後死者人數達二億七千八百萬）；中東奴隸貿易（七到十九世紀，換算後等於一億三千二百萬）；明朝滅亡戰爭（十七世紀，同一億一千二百萬）等。

分母相等後，因戰爭而犧牲的條件也都相等，因此可以拿來比較。

圖3 「戰爭的死亡人數排名」

順位	事由	世紀	死亡人數	死亡人數（以20世紀中的人口換算）	人口調整後的順位
1	第二次世界大戰	20	5500萬人	5500萬人	9
2	毛澤東（大饑荒）	20	4000萬人	4000萬人	11
3	蒙古西征	13	4000萬人	2億7800萬人	2
4	安史之亂	8	3600萬人	4億2900萬人	1
5	明朝滅亡	17	2500萬人	1億1200萬人	4
6	太平天國之亂	19	2000萬人	4000萬人	10
7	北美印第安戰爭	15–19	2000萬人	9200萬人	7
8	蘇聯大整肅	20	2000萬人	2000萬人	15
9	中東奴隸貿易	7–19	1900萬人	1億3200萬人	3
10	黑奴貿易	15–19	1800萬人	8300萬人	8
11	帖木兒帝國	14–15	1700萬人	1億萬人	6
12	英屬印度（大饑荒）	19	1700萬人	3500萬人	12
13	第一次世界大戰	20	1500萬人	1500萬人	16
14	俄羅斯內戰	20	900萬人	900萬人	20
15	西羅馬帝國滅亡	3–5	800萬人	1億500萬人	5
16	剛果自由邦	19–20	800萬人	1200萬人	18
17	30年戰爭	17	700萬人	3200萬人	13
18	俄羅斯動亂時期	16–17	500萬人	2300萬人	14
19	拿破崙戰爭	19	400萬人	1100萬人	19
20	中國國共內戰	20	300萬人	300萬人	21
21	法國宗教戰爭	16	300萬人	1400萬人	17

第二次世界大戰的死亡絕對人數從第一名變成第九名，而第一次世界大戰在調整後成為第十六名（原本是第十三名）。

Pinker並非認為用戰役的死亡人數來排名高低是一件值得高興的事情。人類引發的戰爭除了愚蠢之外，這二十一個戰爭死亡排名中，有十四個戰爭發生於十九世紀以前，占了三分之二。其中再加以換算死亡人數，前八名也都是發生在十九世紀以前。

Pinker特別著墨這些，主要是為了指出，到目前為止的戰爭，都是非常殘暴不堪的，但到了二十世紀之後，卻也可看出已逐漸趨於和平。

「民主國家之間不會有戰爭」的國際理論

根據前述資料顯示，人類整體社會在二十世紀之後開始趨近和平狀態。在筆者所著的《愚蠢外交（編譯）》中也有提到「民主的和平論」。

簡單地說，就是所謂的「民主國家之間不會產生衝突」的國際政治理論。

這是筆者在美國普林斯頓大學留學時的指導教授—麥克多伊爾發表過的論文，在現今的國際政治論和國際關係論中再度復活，是比鐵則還要具有權威的論點。雖然是依據康德提出的「永久和平論」所衍生的類似理論，但也是經過了許多學者認證後的論點。

Pinker也是這些眾多學者中的一人。之前所提到的他的著作中，與其他幾位學者一起研討，更深入考察民主的和平論。

那麼，對照民主的和平論與現今國際情勢，正確還是不正確呢？當然民主國家間也不可能是「絕對不會有戰爭衝突」。

但至少**相較於獨裁國家，民主國家之間可以說「引發戰爭的可能性非常低」**。要說為什麼的話，這是因為**民主體制中的民主主義，在根本上與戰爭就是相悖的政治體系。Pinker也指出這個論點，在民主國家中「個人價值」是遠勝於「國家價值」的(個人本位論)**。

也就是說，民主國家的領導者，因為追求自身的慾望以及名譽，而動員全國攻擊其他國家的這種獨斷專橫的行為，在此政治體系下是非常困難的。

民主社會的本質，不會因為政治家個人的利益而牽動國家的權益。換句話說，就是不讓國民處於危險之中。政治家的工作，也可以說就是盡力避免發生戰爭衝突。

想要避免大動干戈，與其他國家和平地相處，必須考量各種面向。因此會有不同政策方針的政黨存在，由民衆投票選賢與能，選出的這些政治家再互相討論，決定國家政策和方針。

在這種制度下，既不會產生利己主義的絕對君主，也不會有國家主義至上的獨裁者產生。即使有好大喜功的政治家或軍事總長，也必須得通過層層關卡才能按下戰爭啓動鍵。

個人至上的情況越提升，人民也會享有應得的權利，不滿的事情也會勇於發聲，基本像是積極參與政治活動等，有時也會舉行集會遊行來表達自己的訴求。

Pinker更指出，在民主國家中當然還是會有軍隊編制，但也都會受到國家「盡力避免宣戰」的基本方針的影響，相對於過去動不動就發動戰爭，出兵的情況已經有非常大的改善。

由於人民的個人價值提升，在政治家、人民和軍隊三方分工的相互制衡、「抑制戰爭的效果」下，鞏固民主國家體制。

到了二十世紀，人類與以前相比，更認真也稍微變得和平了。這些也是與民主主

義的政治體系趨向成熟、穩固地發展有關。

現在的和平已經成為一種「不去掠奪他人土地，而是以和平的方式進行交換」（意即自由貿易）的意思，因此也有學者將其稱為「**資本主義式的和平**」、「**自由主義的和平**」。

不管是哪一種形式，都是提升個人價值、尊重每個人的自由與權利的國家，這基本上是很難引起戰爭的。因此，不會無端地消耗國力和土地，互相摸索、一起尋找繁榮的康莊之道，在這個層面上來說人類確實是變得比較明智了吧。

當然事情都有正反兩面，即使是幾乎成為規則的民主和平論，也有反對的論點。首當其衝地，就有學者提出：「阿根廷與英國都是民主國家，在爭奪福克蘭群島時還是發生戰爭了。」

不過，這其實是對阿根廷的背景不瞭解的緣故。

福克蘭戰爭時，阿根廷尚處於軍事政權的控制之下。當時是愛國主義的軍事獨裁者加爾鐵里，為了福克蘭群島的歸屬問題，強行派遣陸軍占領島嶼，英國隨即也派出陸海軍奪回該島。這段福克蘭戰爭的故事，在在顯示比起民主國家，獨裁政權統治更容易引起戰爭。

此外，也可以從這段歷史中看出，「輕視人，反之被人輕視」的最佳驗證。當時，柴契爾夫人在國際情勢中，毫不猶豫地反擊，這就是最好的例子。

在獨裁國家中，個人價值低落，獨裁者或是特定政黨獨斷地決定一國方針。國家領導者如果決意「攻打鄰國以獲得更大的領土」，無人能觸及逆鱗。

民主國家的一貫概念，就是以「集體討論」來解決問題的政治體系，在擁有相同政治體系的國家之間，基本上也都會有「好好說就能理解」的特質。

但在獨裁國家中這概念是無法通行的。

第2章

無論如何先「擴展海域」的中國

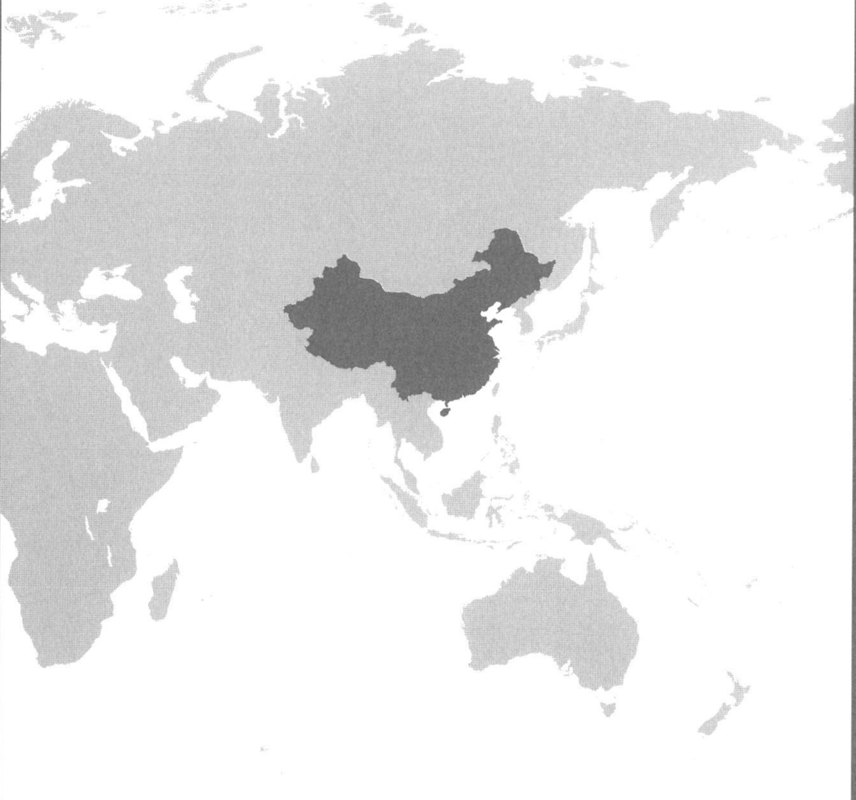

從中國看世界

─支配內陸的同時，也想統括太平洋

中國的疆域是經由非常悠遠的歷史才成為現在所見的大小。中國大陸從群雄割據的春秋、戰國時代開始，到首次一統天下的秦始皇，接著基本上都是由漢民族統治。

漢民族覺得自己比鄰近的民族優越，認為天下就是為我而生，不斷地灌輸「中華文化等於世界的文化，也是政治的中心，比其他民族還優越」的思想。

在這種中華優越思想的基礎下，漢人對周圍不同民族的態度都是上對下的關係，因此產生冊封、對天朝獻貢的體制。周邊民族也藉由朝貢制度，被賦予王的稱號及印璽、綬帶等（冊封），意即周邊民族是蕃屬，臣服於漢民族的意思。

秦漢以後，就是歷史有名的「三國」時代，接著眾多王朝經歷誕生又滅亡，最終在十七世紀產生了《人性中的良善天使》一書中所提到的，死亡人數占居第五名（調整後為第四名）的明朝滅亡戰爭，漢人王朝時代也到此終結。（順帶一提，在這圖表中尚有第二名的毛澤東大饑荒，第四名唐朝安史之亂，第二十名的國共內戰，與中國有關的戰爭共四件）取明朝而代之的是滿州人建立的清朝，將當時的領土、朝貢國等都包含在內的話，勢力範圍可達俄羅斯邊境的黑龍江流域，以及朝鮮、琉球、台灣、越南、泰國、緬甸、尼泊爾、西藏、蒙古等地。

除此之外，與葡萄牙、西班牙、荷蘭、英國等國的國際貿易也十分盛行，是銀貨大量流通的經濟繁榮時代，可說是中國的全盛時期。

清政府的勢力範圍雖大，但也**必須先穩固自己內部的領土**。儘管朝鮮、琉球、越南等周邊國家和島嶼都屬勢力範圍，但皆為朝貢國。另一方面，因清政府強勢擴張其內陸領土，使其直轄、間接統治的領土都不斷擴大。

之後，中國歷經西歐列強的半殖民時代，如中日甲午戰爭、辛亥革命、第一次世界大戰、第二次世界大戰等各大戰役後，最終成為現今的版圖。

中國從清朝時代開始，經歷過多少主要戰役，可參見第四二頁圖表。各大戰役也間接促使中國統治者思考統治上的變革。

也就是說，從以往的內陸模式，朝向征服海外的目標。

現在，中國執著於台灣與釣魚台列嶼的問題，甚至在南沙群島開始填海造地，恐怕都是為進出太平洋而做的準備。

也就是說，中國參考英國和美國的歷史借鑑—因擁有海上優勢而成為世界霸權國家，因而從以前的**內陸國家性格轉變成為海洋國家，也是為了想要成為新一代的霸權國家**。

從習近平最近的「太平洋可容納兩個國家論」可以嗅出，中國想從內陸國家轉換成海上強國的企圖，也是中國第一位國家主席具體且明確地提出這個概念。

顯而易見地，身為島國的日本，其周邊沿海的主權問題，也會直接影響到日本國

圖4 清朝的勢力範圍

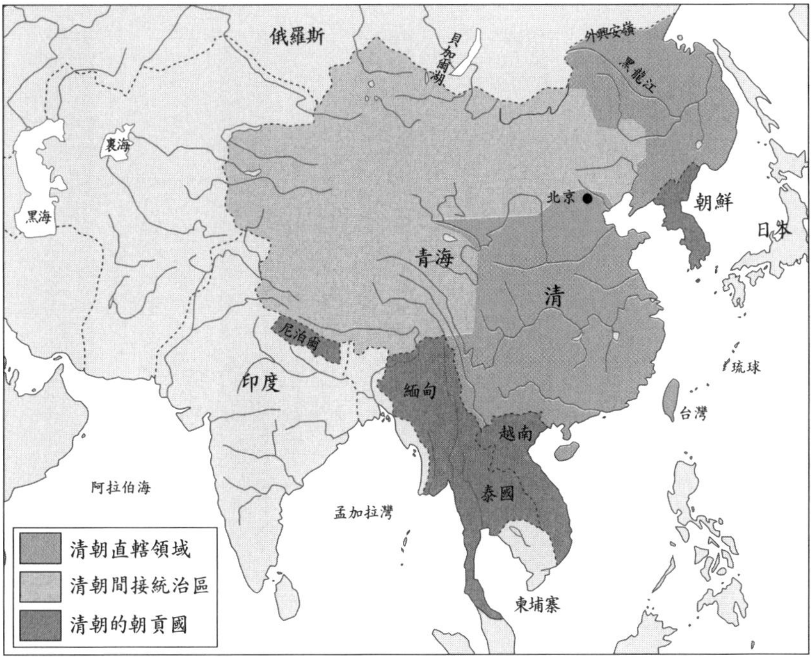

内的安全保障。因此面對中國的野心，日本對周邊海域歸屬的問題也必須隨之因應布局。該如何做出防衛？抑或是說，日本的領導者應如何看待海上問題？這是值得好好注意的課題。

為了能夠做出最好對策，首先應該回溯到鴉片戰爭之始，要先大致回顧、複習一下，中國大小戰役的歷史背景。

接著就可以由這些歷史脈絡清楚得出結論，為什麼中國現在無論如何都想要進駐海洋了。

〈中國在1840～1946年的主要戰爭史〉

1840年　鴉片戰爭　第46頁

英國與清朝（中國）開戰。

戰敗於英，割讓香港。一直以來統治廣大疆域的清朝，在歐美列強的威脅下，幾乎成了半殖民地，也由此揭開了割地賠款戰爭的序幕。

1856年　英法聯軍　第53頁

又稱「第二次鴉片戰爭」。英國與法國聯手向清朝開戰，這場戰役也是越南淪為法國殖民地的第一步。

1884年　中法戰爭　第52頁

清朝與法國之間為越南的宗主權問題而爆發的戰爭。

清朝敗北後喪失了越南宗主權，損失一個朝貢國，越南成為法國殖民地。

1894年　中日甲午戰爭　第56頁

清朝敗給當時還是新興國家的日本，中國自此後淪為遭列強瓜分的殖民地。清朝建立起的冊封、朝貢體制瓦解，東亞秩序徹底崩壞。

1912年　中華民國建國　第63頁

1911年在孫文的領導下辛亥革命起義，中華民國建國，孫文為臨時大總統。清朝雖然嘗試做出變革，卻為時已晚。

1914年　第一次世界大戰　第63頁

中國要求戰敗的德國歸還山東卻遭到拒絕（改由日本繼承德國在山東的殖民權益）。

※第一次世界大戰後的中國，分為由孫文領導的中國國民黨，以及毛澤東領導的中國共產黨，因此有了國共合作和國共對立的歷史。

1924年　第一次國共合作　第64頁

以打倒國內的軍閥勢力與列強帝國主義為其共同目的。

接著，合作破局，在1931年引發激烈內戰。

1936年　第二次國共合作　第64頁

同意先齊力共同抗日。

1939年　第二次世界大戰　第64頁

由列強支配東南亞殖民地的時代終於階段性的完結。

東南亞各國在各列強國的影響下，留下不少可看出宗主國色彩的部分，但戰後數年（約30年左右），也都陸續獨立建國。

1946年　國民黨與共產黨間的內戰　第65頁

1949年毛澤東建立中華人民共和國。

代表中華民國政府的蔣介石退居台灣。

１９５０年　韓戰

最初為南韓與北韓之間的戰爭，但實質上卻是以朝鮮半島為舞台，分別代理美國與中國的變相戰役。

在變成勝負難分的拉鋸戰後，１９５３年7月簽訂了休戰協定，但也只是「休戰」，因此就定義上並沒有真正結束。

第68頁

１９７９年　懲越戰爭

在冷戰體制下，因越南進攻柬埔寨，中國以「自衛還擊」為由，藉機進攻越南。

第74頁

１９８４年　中越邊境衝突

中越戰爭的延續。從中國率先發動攻擊起算，4月、6至7月間引發多次衝突。最終中國宣稱勝利，前後費時10年才占領紛爭國境區。

１９８８年，為了爭奪南沙群島的控制權，中越再次發生衝突。最後還是由中方勝利，獲得了同地區礁岩的實質支配權。

第76頁

清朝的勢力範圍

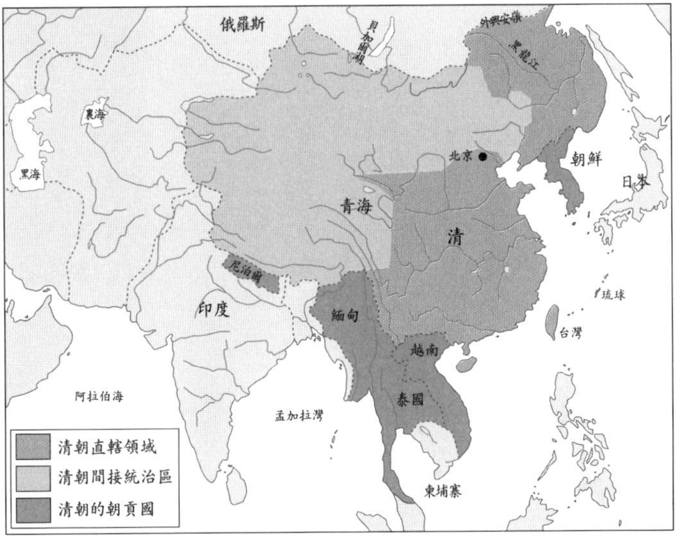

清末列強的勢力範圍圖

鴉片戰爭

—大敗於英國，並割讓香港

明朝滅亡之後，清政府一邊統治幅員廣闊的疆域，同時也將周邊民族納入其勢力範圍。歐美列強的強勢進駐中國，起先似乎沒有立即影響。但在十八世紀後半葉，英國的東印度公司（以貿易為目的所成立的英國皇室直屬公司）對中國的貿易行為激增後，就開始起了變化。

英國欲將其生產的工業用品大量出售至中國，希望能夠採取自由貿易的手段來進行交易。但從古至今，天朝思想使得清政府認為英國是來「朝貢」的，因此採取十分強硬的姿態，不但只開放部分貿易行為，甚至設下許多限制。

一八四〇年，英國與清政府爆發歷時兩年的鴉片戰爭。以鴉片為名，就是因為這是以鴉片貿易為開端的戰爭，也是英國欲在中國建立亞洲據點的一大野心所導致。

那麼，為什麼鴉片貿易與擴大市場有關聯呢？

其實，地大物博的清政府認為中國並不需要仰賴貿易進口物資，因此英國要使中國成為固定且長久合作的交易對象，就必須得讓中國人民對鴉片上癮，藉此手段才能持續且穩定地進行貿易。

英國想藉此**增加對中國的鴉片進口量，計畫能在清政府國土上全面販賣鴉片，如此一來即可獲得重要貿易港口的自由進出權，還可以再利用港口，布局成為亞洲其他地區的鴉片出口中繼站**。

在此必須要先有一個關鍵概念，那就是「三角貿易」。

所謂的貿易，通常指的是兩國間互相進出口的行為。如果A國與B國一直呈現A國的貿易逆差，則A國會使第三國C國與B國進行貿易來消解逆差。這就是三角貿易的重點。A國基於自己的利益而任意中介C國，當然C國在這裡簡單的解釋，就是A國的殖民地。

那麼，讓我們用英國、印度、清政府間的貿易結構圖（圖5）解釋當時的三角貿易關係吧。

圖5　三角貿易

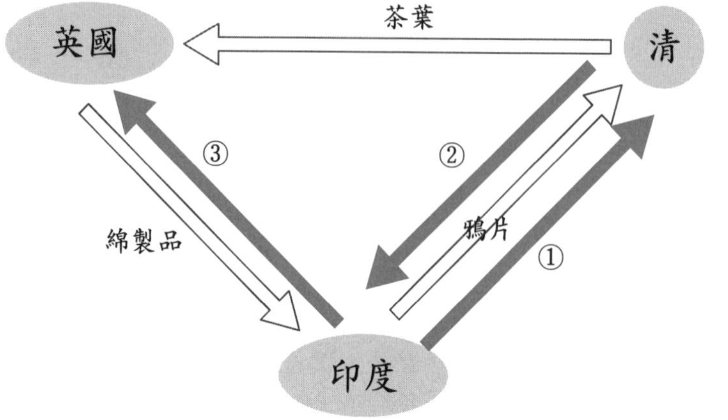

貨銀的流向 ① 由印度至清(作爲清朝將茶葉出口至英國的貨款)
貨銀的流向 ② 由清朝向印度（鴉片的貨款）
貨銀的流向 ③ 由印度至英國（作爲棉製品的貨款）

在英國製造的棉製品等，出口至殖民地印度，因此英國對印度的貿易顯示順差。另一方面，英國從中國進口茶葉等物品。但就如前所述，由於進口中國一直不順利，因此對清朝的貿易長期呈現逆差。

當時貿易的貨幣為銀。因此貿易的中繼點印度就持續對清朝流入大量的貨銀。接著英國開始圖謀，讓印度生產鴉片，再將鴉片當作繳清英國所積欠的茶葉等貿易貨款。

鴉片短時間內就在中國境內氾濫，輸入量激增。變成清朝必須支付購買鴉片的銀兩到印度，印度再從英國買棉製品，最終貨銀就流向英國。英國對印度的貿易本來就是順差（印度成為英國的最大出口國，也就是向英國購買大量貨品），因此只要清政府對印度支付貨銀，最終必然會透過三角貿易，進入英國的口袋中。

也就是說，英國使清朝人民對鴉片上癮，目的就是「回收」貨銀。

當然，對清政府來說，這個三角貿易才是最大的癥結點。鴉片問題使得中國境內混亂不堪。首先是內政的混亂，應該嚴格禁止鴉片進口的反對派官僚，以及接納鴉片進口且課以關稅的贊成派之間，產生了嚴重的對立分化，經濟當然也陷入了混亂狀況。

長期出口大量的茶葉至英國，應該是處於貿易優越位置的清政府，卻由於走私進口鴉片的關係，使得大批白銀流至印度，最後被英國回收。英國的最終目的，是使清政府在經濟上仰賴英國。經濟一旦陷入困頓，社會就會開始衰敗。低所得、貧窮階層更對鴉片沒有抵抗力，惡性循環的情況下社會慢慢走向墮落。

如以一來，**政治**、**經濟**、**社會**，**全面性的混亂狀態**，**中國國力當然會日漸衰弱**。

在這種惡劣的狀況下，清政府終於開始嚴格取締造成混亂的元兇—鴉片。一八三九年派遣特使林則徐至廣州頒布嚴禁令，大量銷毀鴉片，甚至開始禁止一般的貿易行為。

鴉片戰爭──英國利益與中國國力之爭

英國在一八四〇年逮到機會進攻，終於可以使用武力一舉打破與中國長期以來的貿易問題，而面對本來就擁有歐洲首屈一指軍事力量的英國，清政府馬上就居於劣勢。戰敗後，與英國簽訂南京條約，被迫開放五個港口自由通商（廣州本身也為一個港口），並割讓香港。

在這其中影響後世最大的就是割讓香港的部分了。從地圖（圖6）上可以看出，香港占進出東南亞的絕佳位置，具優越地理條件。**香港隨即成為全亞洲的貿易、金融中心，也確立了英國在亞洲的地位**。英國統治香港長達一百五十年以上，到一九九七年香港才正式回歸中國。

當時，西歐列強競爭激烈，紛紛將殖民範圍擴大至亞、非洲各國，目的是為掠奪當地資源、勞動力等，甚至是開發新興市場。

鴉片戰爭後，中國在貿易量大增、市場發展快速的情況下，以此為開端，導致了美、法等國也與清政府締結了諸多不平等條約。

圖6 南京條約下開放的五個港口

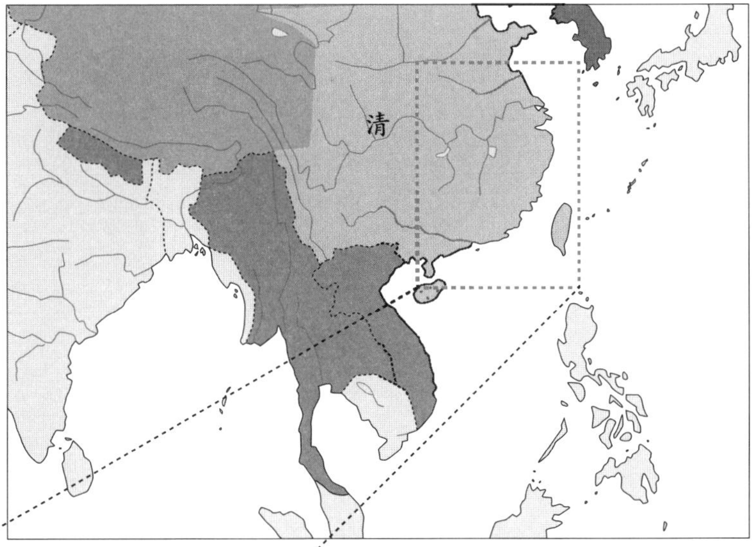

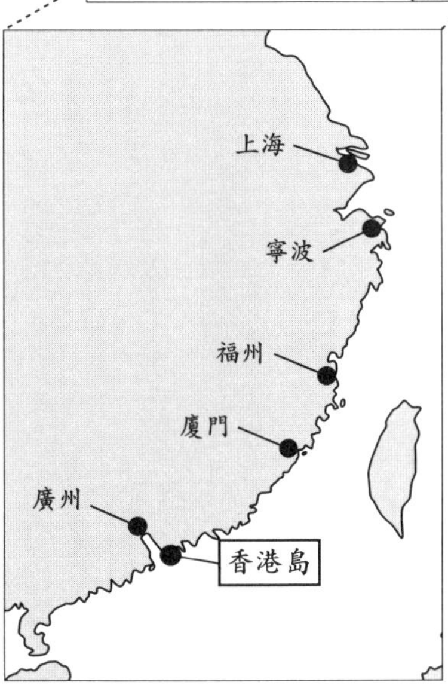

長久以來一直統治著廣大領土的清政府，開始遭到列強威脅而演變成新的局面，淪爲半殖民地。

鴉片戰爭深深影響中國日後的發展，可以說是揭開歷史劇變序幕的一場重要戰役。

中法戰爭
——與法國為了爭奪越南的戰爭，戰敗

由於中了英國的計謀，鴉片戰爭戰敗後的中國國力一下子被削弱，法國也開始覬覦清政府的屬國—越南（當時為阮氏王朝）。

在十八世紀後半發生的七年戰爭，法國敗給英國，不得不撤離原本屬法的印度領土，於是法國便將目標轉向中南半島。

當時的越南對殖民亞洲各地的列強國態度十分強硬，禁止基督教傳教，也處刑了幾名傳教士，因而埋下導火線。

一八五八年，以基督教徒受到迫害為由，拿破侖三世與西班牙軍共同侵略越南，這就是中法戰爭前期的南圻戰爭。同時，拿破崙在法國的人氣越發高漲，這也是出

兵中南半島的原因之一，這場戰役演變成鴉片戰爭的延續。

一八五六年，被稱為第二次鴉片戰爭的英法聯軍（參照第一〇八頁）爆發，是英法兩國聯合出兵中國的戰役。

一八六〇年英法聯軍結束後，法國隨即將兵力轉至越南，壓制越南南方。最後結果是，一八六二年法國和西班牙聯軍與越南簽訂西貢條約，越南除了要支付賠償金外，還必須開放基督教傳教、自由通商等，並割讓南部領土給法國。

這只是法國將越南納入殖民地的第一步而已。此後，法國繼續由南海著手，在一八八三年與一八八四年簽訂兩次順化條約，越南至此正式淪為法國屬地。

然而，擁有越南宗主權的清政府並不承認這個條約，因此在一八八四年，中法戰爭爆發。剛開始，黑旗軍（阮氏王朝時設立的清武裝軍隊）攻勢銳不可擋，起初還處於優勢，但戰況隨即因朝鮮的政變而有了一百八十度轉變，進入膠著狀態。

這時的李氏朝鮮發生了甲申政變，清政府與日本爭奪朝鮮，陷入緊張局勢，因此對這場與法國的戰爭戰意全無，因此派大臣談和，中法戰爭草草收場。

一八八五年，法國與清政府簽訂天津條約，結束了中法戰爭。天津條約的內容就是清政府承認順化條約，越南成為法國的保護國。

此後，法國開始更加囂張地擴展中南半島的殖民地，一八八七年又將柬埔寨囊括在內，建立法屬印度支那。

一八九九年編入寮國，中南半島正式成為法屬殖民勢力範圍。（圖7）

圖7 法屬印度支那

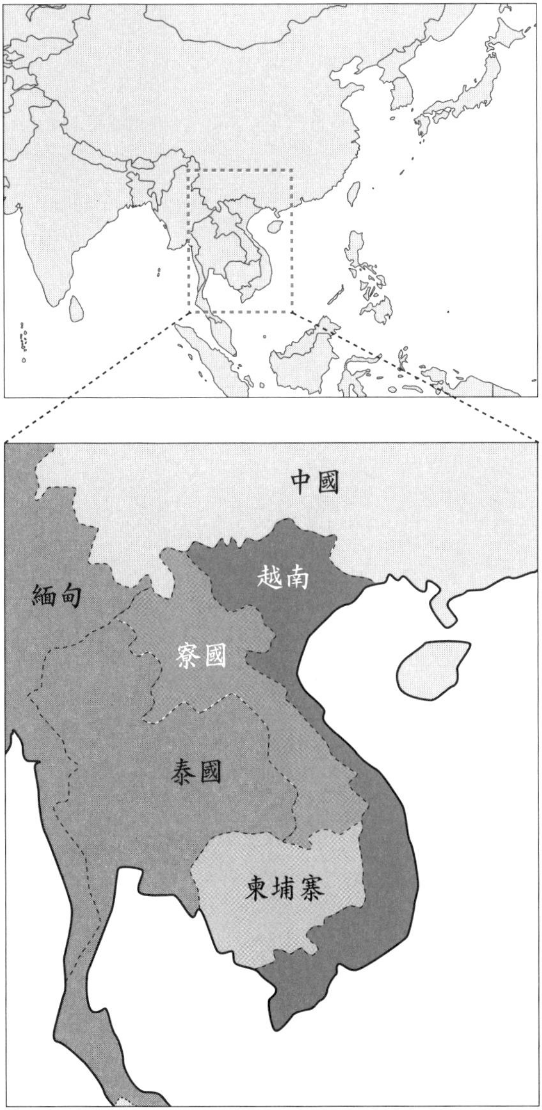

原本是因為不承認順化條約才不惜與法國一戰，結果清朝戰敗將越南的宗主權拱手讓人，也喪失了一個多年的朝貢國。加上之後的中日戰爭，清朝的地位一落千丈。

中日甲午戰爭
——敗給新興國家日本，使清朝更走向殖民地之路

中日兩國由於爭奪朝鮮半島白熱化，而進入緊張情勢，更在一八九四年間爆發歷時八個月的甲午戰爭。**當時還屬於新興國家的日本大敗中國，使得中國更加走向被列強瓜分的殖民地境界，此戰實屬關鍵。**

清政府長期以來建立的冊封、朝貢制度，將李氏朝鮮納入清廷的勢力範圍下。而歐美列強欲將亞洲殖民地化，當然也要求朝鮮開放通商，但朝鮮也一貫地採取排外主義，閉關鎖國。

另一方面，日本從明治政府的明治維新開始積極西化，終於也將其勢力發展至朝鮮半島，欲讓清政府朝貢國之一的李氏朝鮮解禁開放，使其引進現代化體制，再與

之修訂友好條約等。

李氏朝鮮拒絕日本的開國要求，在其他列強環伺的情況下，朝鮮半島的緊張情勢也隨之急速升高。

一八七五年，日本利用朝鮮正值政權交替之際，攻其不備進攻江華島（江華島事件），藉此機會協定江華條約。這本來是日本對朝鮮的不平等條約，但實際上卻演變成朝鮮脫離清政府控制，成為獨立國家的契機之一。

由於朝鮮國內的激進派開化黨極力推動現代化的關係，與支持應穩固清政府勢力的親中保守派起了對立衝突。

一八八四年，開化黨引發「甲申政變」，欲藉此扳倒保守派政權，清政府派兵鎮壓朝鮮，演變成與親日改革派的對抗衝突，被清軍擊敗的開化黨從此一蹶不振。

隨著英法聯軍後天津條約的簽訂，中日兩國皆同意從朝鮮撤兵，但也在中日兩國間埋下了對立的種子。

在此不安定的狀況下，朝鮮國內不滿的情緒也日益高張。

朝鮮政府在改革不順利及稅收縮水的打擊後，又對國民課以重稅，加上政府內部賄賂風氣盛行，政治愈發腐敗。

同時間，因為甲申政變被迫開國後，日本與西歐列強不斷進出，外國資本流入使得經濟也陷入混亂狀態。在這其中最窮困的便是民生社稷，終於在一八九四年，農民窮極潦倒而引發內亂，即為甲午農民戰爭（東學黨之亂）。

自古就是中國屬國的朝鮮，在這種時候仰賴的對象只有清政府。

就像之前所說的，清廷冊封、朝貢體制下所管轄的屬國範圍很廣大，朝鮮只是其中一個小小的屬國而已。然而，對銜接在中國大陸尾端的小小半島—朝鮮來說，清政府的存在就顯得非常重要。

對比之下，日本雖然與中國距離很近，卻因為相隔海洋，與朝鮮是截然不同的地理位置。

而清政府應朝鮮的要求出兵鎮壓，日本也欲對抗而派兵至朝鮮，於是中日甲午戰爭在此開戰。

戰爭由始至終，都是日本占據上風。

最大的原因是英國的支援。瓜分亞洲的西歐列強—英國，與日本簽訂日英通商航海條約，因此在此時必須派兵支援。

對英國來說出兵當然對自身也是有利，藉由出兵支援日本就能遏止俄羅斯南下併吞朝鮮的企圖。在甲午戰爭中，英國的支援也是不可或缺的一環。

一八九五年，以日本勝利終結了這場甲午戰爭，並簽訂了馬關條約。

基於條約內容，清政府本應割讓遼東半島於日本，但中間卻出現了阻礙：法國、德國與俄羅斯。

甲午戰爭日本的獲勝，對於想要瓜分統治亞洲的西歐列強來說，是出乎意料之外的事。因此法國、德國、俄羅斯急於介入馬關條約，對日本開出必須返還遼東半島的條件。

對清政府來說本來算是好事一樁，但卻在日本返還遼東半島之後，被迫將旅順、大連等地當成謝禮般地租借給俄羅斯。

其他如德國、法國，甚至是英國也加入分一杯羹，黃海周邊以及其他地區紛紛成為租界地（圖8）瓜分給列強了。

除了租借地區之外，連鐵道建設權、礦山開發權也一併通過，清政府的領土整塊遭列強端走，西歐列強的勢力範圍瓜分完畢。

屢屢戰敗的清政府，在在顯露出大清已經走向衰敗，國力式微，廣大的領土也被蠶食鯨吞，長期建立起的冊封、朝貢制度，以及東亞秩序，逐漸全部崩解。

圖8 清末列強的勢力範圍圖

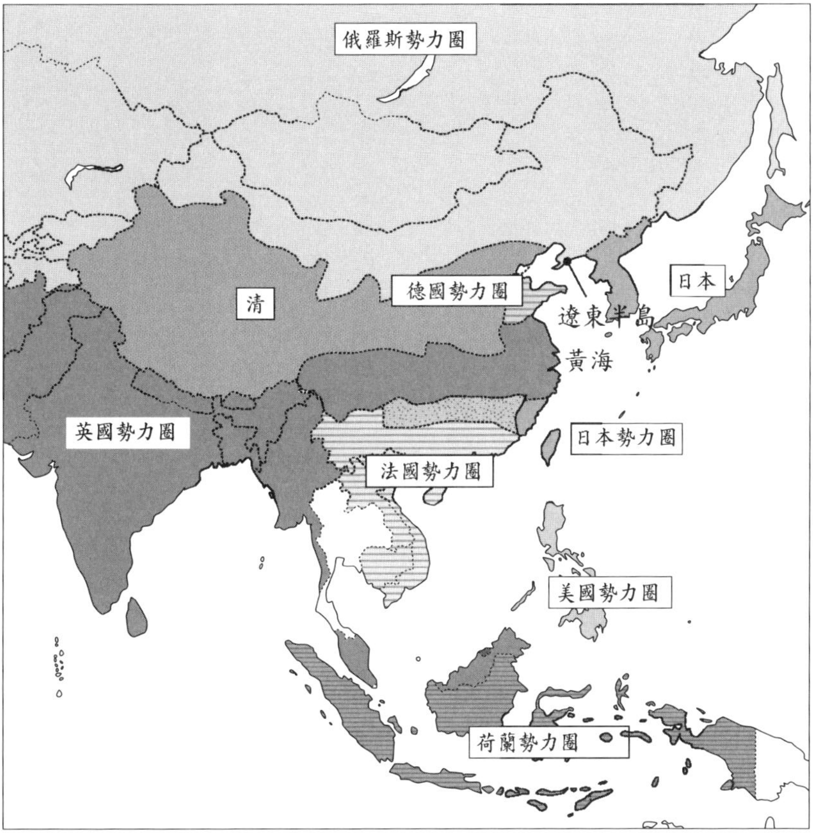

與第41頁的地圖相比，明顯看出清朝的勢力衰退。

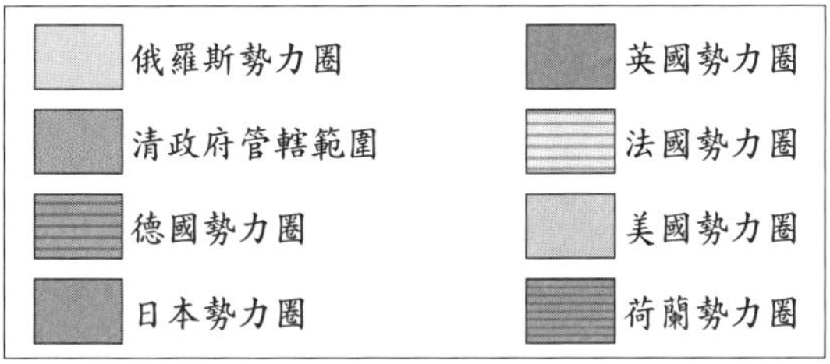

兩次世界大戰

─由中華民國變成中華人民共和國，「大國」形成

一九四九年十月，毛澤東成為國家主席，中華人民共和國正式成立。自鴉片戰爭開始經歷約一百多年的半殖民地歷史終告完結，是歷史上值得紀念的一件大事。

那麼，從甲午戰爭到中華人民共和國成立，中間歷經了什麼呢？第一次世界大戰與第二次世界大戰，這兩個有名的國際戰爭當然不必說（後面章節會詳細介紹）。

甲午戰爭後，清政府被列強剝奪了重要的貿易及軍事據點，造成國內的革命意識開始覺醒。以留學生和華僑為中心，欲推翻任列強為所欲為的腐敗清政府，建立屬於自己的漢民族國家。這類的活動雖是緩慢地進行，但也確實擴展其勢力範圍。

一九一一年，在孫中山的領導下，發起辛亥革命。一九一二年一月孫中山在南京宣誓擔任臨時大總統，中華民國建國。雖然，清政府也嘗試著要對抗，但因為袁世凱的背叛，清朝最終於一九一二年滅亡。

中華民國成立之初，就在一九一四年面臨了第一次世界大戰。然而，大戰後的和談條約—凡爾賽條約卻讓中國感到非常失望。

第一次世界大戰德國敗戰，**身為戰勝國的中華民國政府本應可以取回德國在山東半島的一切權利。但此訴求卻在巴黎和會中受到刻意忽視，凡爾賽條約中有關德國在山東的權益反而交給日本繼承而非中國。**

因此，中國境內開始出現反對凡爾賽條約的聲浪。由北京大學生們發起的反對運動（在五月四號發起，因此也稱為五四運動），全國各地群起響應，之後也與中國的反軍閥、反帝國主義運動結合成一股浪潮。

簡單來說，第一次世界大戰後的中國，就是以孫中山為首的中國國民黨與毛澤東的中國共產黨的合作與對立（國共合作與內戰）的一段歷史。

第一次國共合作在一九二四年，目的在於打倒國內的軍閥與列強的帝國主義。但在孫中山死後握有國民黨實權的蔣介石，視共產黨為一大危機。

蔣介石親自率領國民革命軍進軍上海、南京。一九二七年，在上海發動四一二政變來壓制共產黨，並在南京成立國民政府。之後也將其勢力延伸，接受美國與英國的支援。另一方面，由於國共合作破局，被迫下放農村的共產黨則是在農村設立據點，毛澤東此時也擴展其勢力範圍；一九三一年，在江西省瑞金縣成立中華蘇維埃共和國臨時政府。至此之後，蔣介石率領的國民黨與毛澤東的共產黨，開始產生了一連串激烈的國共內戰。

第二次世界大戰時，兩黨再次合作，齊心協力共同對付日本。滿洲事變（又稱九一八事變）後，中國的抗日情緒便日益高升，而蔣介石還是認為得與共產黨繼續作戰。不過，兩黨在一九三六年達成共同抗日的共識，造就了第二次的國共合作。

中日戰爭演變為長期抗戰後，一九四一年十二月，日本正式向英美宣戰。日本首先不斷地進攻、占領列強在東南亞的殖民地，包括菲律賓、新加坡、馬來群島、爪哇島等，勢如破竹；翌年，在同盟國的反擊下節節敗退，最終在兩顆原子彈，以及蘇聯也對日宣戰的情況下，日本於一九四五年八月無條件投降。

日本戰敗後，中國成為聯合國的常任理事國之一。但在戰後不久，國民黨與共產黨的共同目標消失，於是又開始內戰。國民黨雖然得到美國的支持，但共產黨在對日抗戰時藉機擴大勢力，最後國民黨戰敗。

一九四九年共產黨戰勝後，受到民眾廣大支持的毛澤東，宣告中華人民共和國建立，而蔣介石則敗逃至台灣。清朝時代因列強瓜分的中國，在淪為半殖民地後又幾經戰亂，至此終於恢復廣大的疆域以及人口，再度晉升為世界強國之一。

第二次世界大戰的結束，也代表列強統治東南亞殖民地的時代宣告終結。

國名	獨立年（宗主國）
印度	1947年（英國）
東巴基斯坦	1947年（英國） ※1971年以孟加拉國獨立
英聯邦王國巴基斯坦	1947年（英屬印度帝國） ※1972年脫離英聯邦獨立
斯里蘭卡（錫蘭）	1948年（英國）
緬甸	1948年（英國）
寮國	1953年（法國）
柬埔寨	1953年（法國）
越南	第二次世界大戰後分裂為南北越 ※1976年北越攻占南越，越南統一
馬來西亞	1963年（英國） ※1965年新加坡從馬來西亞中獨立
印尼	1949年（荷蘭）
汶萊	1984年（英國）
菲律賓	1946年（美國）

現今東南亞各國多數都還有舊殖民地的宗主國色彩，在戰後數十年間這些國家也逐漸獨立，最長不超過二十到三十年。（圖9）

中國在政治上為共產黨一黨獨裁，經濟也在共產制度下採取有限制的開放經濟體制，到底能夠發展到什麼程度呢？

筆者的愛讀書單中有一本由米爾頓．傅利曼所撰寫的《資本主義與自由》。順道一提，以《曼昆經濟學》著稱於世的格里高利．曼昆教授，除了教科書外的再推薦書單，也有這本書喔！

該書有提到，政治自由與經濟自由的

圖9　第二次世界大戰後獨立的區域

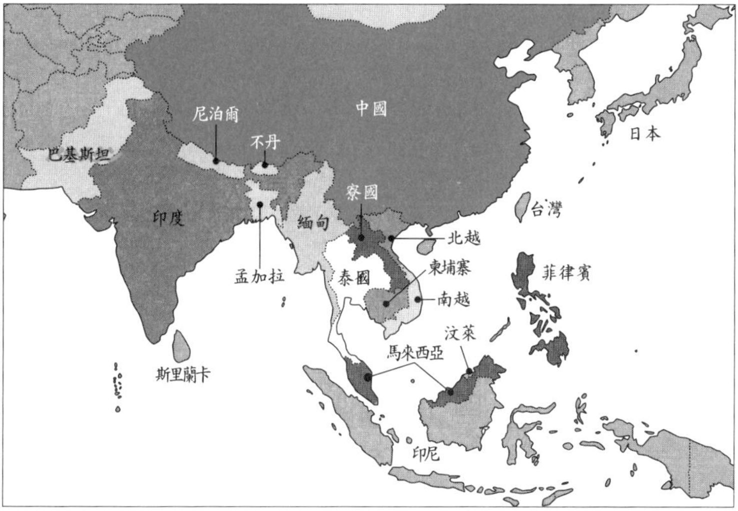

關係非常密切，而資本主義競爭關係的基礎，是以政治自由為前提才能正常運作。如果套用到中國一黨獨裁的政治體制上，資本主義中的經濟自由將無法達成自由的發展。若此論點正確，那麼不論什麼時候，GDP中的民間消費就不可能占有多大的比率。

而中國怪異的經濟體系，是由於中國的政治體制所造成的，因此只要維持一黨獨裁的情況，則經濟體系也不可能被導正。

韓戰

──南攻至能眺望對馬與九州的北韓，最後仍敗退至38度線

第二次世界大戰後，朝鮮半島以北緯38度線劃分，以南被美國占領，以北則由蘇聯占領。一九四八年才由資本主義體制的大韓民國（韓國），和社會主義體制的朝鮮民主主義人民共和國分治南北韓。然而，各自獨立後的南北韓馬上陷入激烈衝突，終於在一九五〇年爆發韓戰（圖10）。韓戰原本是為了南北韓統一而引發的戰爭。但是在美國支持韓國，而北朝鮮也在中途向中國求援後，實際**演變成美國與中國的代理戰爭**。

開戰之初北朝鮮攻至南境，聯合國安全理事會斷定北朝鮮用武力攻擊侵略南韓（蘇聯因抵制而未出席審議會），因此決定派遣以美軍為主的聯合國軍隊。聯合國軍一出動頓時逆轉戰況，將北韓軍隊擊退至38度線後。接著又跨越38度線繼續北進占領了北韓首都──平壤，最後終於行進至中國的邊境線附近。

於此中國決定支援北韓，派遣大規模的解放軍至朝鮮半島。中國的目的雖說是為了防衛邊境，但實際上，如果能就此順勢南進，最終抵達朝鮮半島南端的釜山，甚至進入對馬，則中國的勢力範圍就能擴展至太平洋。實際上，也因為中國派出的解放軍再次逆轉戰局。如果中國只是單純防衛邊境，也不至於支援北韓到如此程度，但如果看穿其背後的企圖，那麼也就不太難理解了。

也就是說，**中國的參戰對擁護韓國的聯合國軍來說，這已經遠遠超出中國的反擊範圍，而是演變成以朝鮮半島為舞台的中美戰爭了。**面對逆轉戰況的中國人民解放軍，美國亦派出大量的軍備和人員應戰，再度將中國逼退到38度線左右，戰役至此已變成雙方的拉鋸戰。

順便一提，實際上日本也參戰了。

那時還沒有自衛隊，日本組成了海上保安廳來清除可能殘留的水雷，也稱為「日本特別掃海隊」，應聯合國軍的要求，日本政府派遣出兵，作為戰場後援。此外，在國際上行使武力的話只能利用自衛權。

也就是說，之前反對安保法的反對派曾說過的，「日本已經近七十年沒有涉獵戰爭這一塊」實際上並不正確。本來在國際關係論中提到，戰爭的資料中，並非當事人自己記載的話，是否為事實呢？

日本的掃海隊在完成任務前，也有不少失蹤、輕重傷者，但由於清除水雷能讓聯合國軍確保制海權，日本的參戰對戰局確實有很大的影響，甚至可以說是為了保衛日本領土。從此觀點來看，派遣掃海隊進入戰場，到底應該歸咎誰呢？

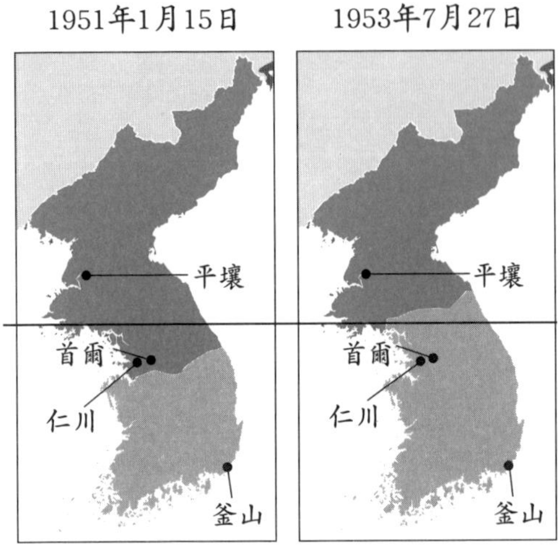

當時，其實也引起不少輿論，沒有經過國會承認的話，「派遣戰隊是否違憲」？然而，從釜山是極有可能威脅到對馬，甚至是九州的安危，那麼就結果論來看，日本極有可能會被捲入戰爭中，因此做出出兵的判斷，應該相當容易理解（圖11）。

即使有崇高的理想，如果只是曲高和寡，那麼在現實生活中很有可能輪

圖10 韓戰

1. 戰爭過程

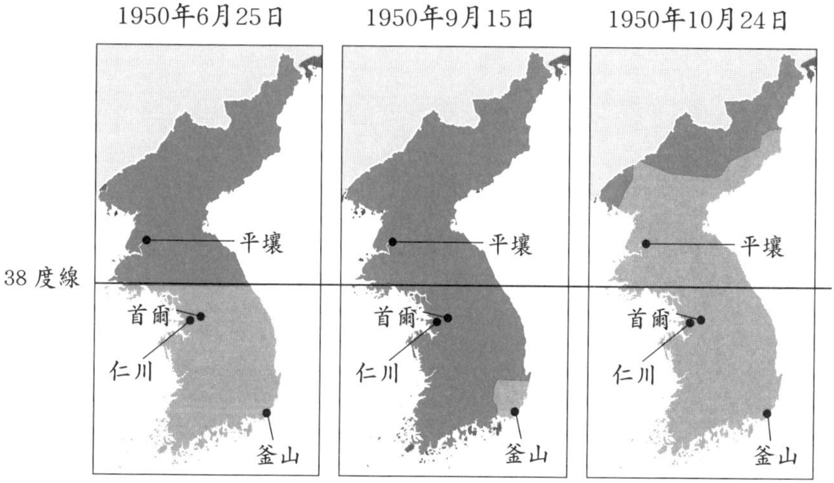

2. 年表

1950年6月25日	北韓軍越過38度線開始南進，韓戰爆發
1950年9月15日 ～30日	聯合國軍登陸仁川作戰
1950年10月1～24日	韓國軍、聯合國軍越過38度線北進
1950年10月18日	中國人民解放軍參戰
1951年1月15日	聯合國軍退至37度線
1951年1月25日 ～6月15日	再度北進的聯合國軍與解放軍在37～38度線間爆發衝突
1951年7月10日	戰爭持續進行中，並開始休戰協調會議
1953年7月27日	休戰協定

為空談。日本也在某種層面上，從現實判斷而行使「集體自衛權」，這只是為了守護同盟國以及自身的安全罷了。

回歸正題，韓戰最後呈現膠著的拉鋸戰況，一九五三年七月簽訂了休戰協定。不過也只是「休戰」並非停戰，在定義上韓戰到現在都還沒結束。

從中國來看，韓戰時沒有成功擴大中國領土實屬遺憾，但被分裂的朝鮮半島卻成了戰場上慘烈的犧牲品。朝鮮半島的人民從古時起就是中國的屬國，長久以來北邊一直都有俄羅斯虎視眈眈著。太平洋戰爭前被日本併吞，戰後本以為終於和平了，沒想到又被美國及蘇聯切分成南北兩國。

由於朝鮮半島是位於日本海與東海上突出大陸的半島，因此很容易成為大國和強國利用的棋子。韓國至今也持續進行討好中美兩國的外交政策，在國際社會上並不能算是真正發揮其主體性。**因為地緣政治上微妙的關係，導致一個國家發生一連串悲慘故事，如果就以這點來看，第一個能想到的也只有朝鮮半島了**。

與中國的距離看似比較近，假使韓國就這樣與中國結成同盟關係，現在的美韓同盟會變得如何呢？如歷史所證明般，民主國家與獨裁國家就像油水一般無法相容，在中美之間的牆頭草外交是無法成立的。如果能發揮什麼特殊力量作為兩者間溝通

圖11 從朝鮮半島窺視對馬

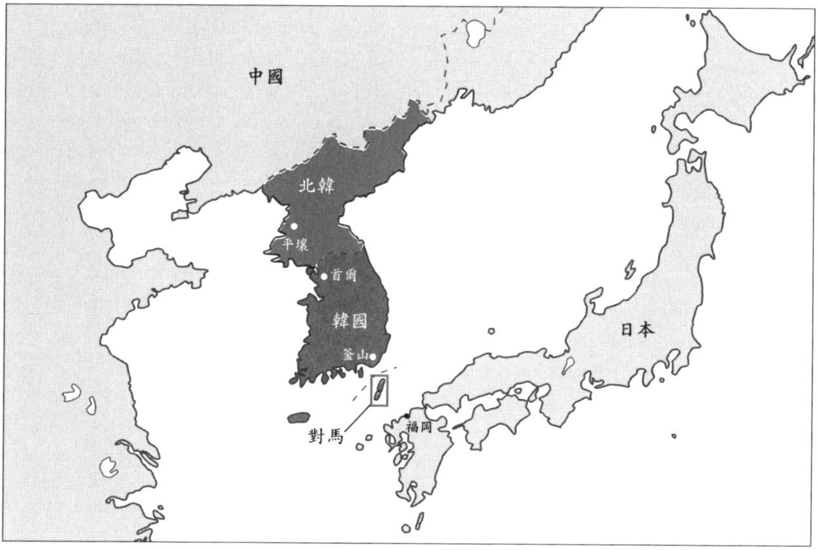

的橋樑就好了，但就現實來看非常困難。

此外，世代交替的北韓，又將危險性再度提高。北韓與處於「休戰狀態」的南韓幾次幾乎一觸即發，但日方其實最希望的是兩韓統一。

中國雖然也是危險人物之一，但北韓的無法預期和不按牌理出牌，可以說是現今東亞的最大威脅。其次，韓國已成為民主國家，當然隱含的威脅也消失了，同時可作為與中國間的緩衝國，也能藉此提升國際地位。

懲越戰爭與中越邊境衝突

──中國進攻親蘇的越南

懲越戰爭發生在冷戰時期，導火線是越戰結束後，越南社會主義共和國挾著打敗美國的餘威入侵柬埔寨，而中國藉此機會出兵越南，以作為懲罰的一場戰役。

事情的開端是越南與柬埔寨的關係趨近惡化的緣故。第二次世界大戰後，美國與前蘇聯在冷戰時期引發越戰，造成越南與柬埔寨的關係也日益緊張。越戰結果導致柬埔寨（當時為高棉）、越南、寮國三國建立社會主義政權，也立即引發了越南與柬埔寨之間的衝突。

一九七五年波帕發起紅色高棉運動，推翻了親美政權，而波帕取得政權後積極偏向親中；但另一方面，越南在越戰後的政權一直是親蘇派的。在這複雜的背景下，兩國開始發生越南南部的領土爭奪衝突，而兩國的背後也都有後盾支持，實際上也

圖12 懲越戰爭

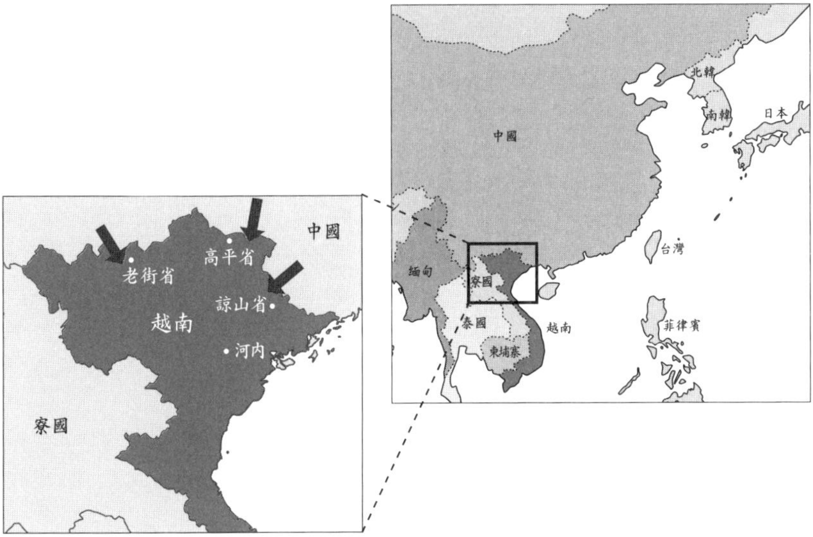

就是中國與蘇聯的對立，緊張情勢越發高漲。

一九七九年一月，越南進攻柬埔寨，欲擊敗波帕政權並樹立新的親越政權。而無法坐視不管的中國，馬上下令進攻越南，爆發了中越戰爭（圖12）。

但當時的越南憑著剛打贏越戰，大敗強敵美國這一股銳不可擋的士氣，就此展開一場攻防游擊戰。

而中方為應付越方的游擊戰，戰事漸漸陷入膠著，兩方作戰僅一個月時間，中國最後以撤退收場。

經此一役，使得雙方公開直接對立，也埋下了一九八四年中越邊境衝突的遠因。

中越邊境鄰近地區發生了多次軍事衝突，除了中國軍、越南軍之外，還包括蘇聯軍事顧問團。此國境紛爭由中國開始展開攻擊，分別在四月、六月、七月間發生三次軍事規模衝突，最後由中方獲得勝利，此後十年間在此地帶陸續有過多次大大小小的領土紛爭。

一九八八年三月，中國與越南再度因南沙群島的糾紛而產生衝突，雖然轉變為海上作戰，但還是由中國取得勝利，獲得南沙群島多處岩礁的實際控制權。（圖13）

越南與中國的對立情勢，即使在蘇聯解體、冷戰終結後仍然持續著，時至今日還是不時有因為領土、領海的紛爭，使得情勢相當緊張。

除此之外，毛澤東曾受蘇聯的共產國際（共產黨的國際組織）指導而建立中國共產黨，因此中國與俄羅斯都是為了實現社會主義的國家，思想上屬於同一派。如此意義相近的兩國居然會因為支持不同國家而產生對立，真的是百思不得其解。

事實上，史達林死後，蘇聯的社會主義起了很大的變化。蘇聯國內出現史達林的

圖13 相關國家針對南沙群島所主張的海域線

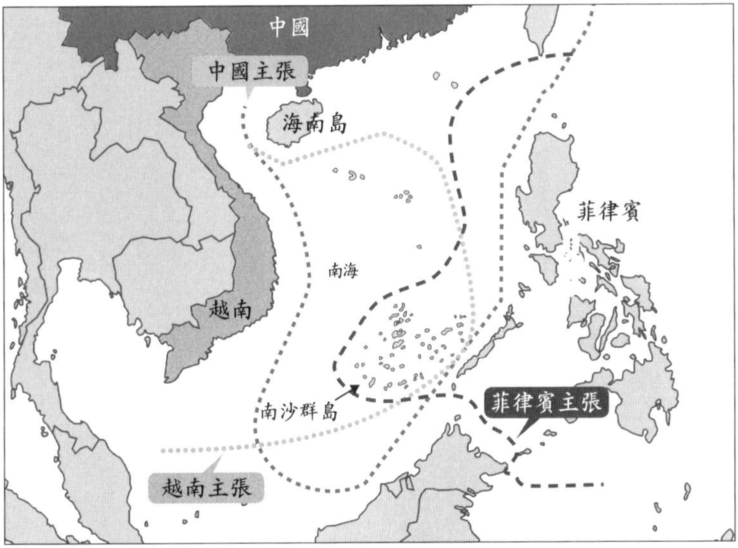

批評聲浪，之後也因為革命的做法和社會主義國家運作方式的差異，造成蘇聯與中國的對立，長期不合使得關係惡化，邊境地帶產生一連串一觸即發的衝突。

即使中國與蘇聯在思想上非常接近，卻還是因為實際做法的差異，進而造成彼此的對立越來越劇烈。

在這裡可以再驗證之前提過的「民主的和平論」（民主國家之間沒有戰爭）。思想相近的國家確實比較不容易產生衝突，但這必須在皆為民主國家的前提下。

而蘇聯與越南、中國皆為共產黨獨裁國家的一員；因此，中越戰爭就是「民主的和平論」中最好的驗證之一。

應該如何防衛東亞的安全？

歷經中越邊境衝突，中國又高調地開始擴展海域。

這是由於每次發生戰爭的結果，都會使陸地上的領土產生某種程度的僵化，而實際上還有另一個中國不能坐以待斃的理由。

那就是軍事技術的進步。

從電視或網路上可知，美國的軍事衛星影像能夠清楚地看見所有的地貌，包括沙漠、森林地等等，當然還有最重要的內陸地方軍事設施等，全都一覽無遺。

不論擁有多麼強大的軍事設備，在如此鮮明進步的衛星技術下發動空襲的話，幾乎無所遁形。

但**如果擁有海上的核潛艦等設備，敵方就無法從空中窺知海面下的情況，**而且核潛艦可以長時間隱匿航行，而不需考慮燃料問題，甚至還可以有多餘的電力能夠將海水轉換成氧氣與水，兼之可長期潛伏在海底都不需上升，譽其為現階段最強兵器也不為過。

中國急欲控制南海海域權，目的在於使核潛艦能夠擴大航程至太平洋的範圍，不僅能增加防衛的能力，更有彰顯軍力的功能。

當然美國為了保衛自身安全欲壓制中國，使其無法擁有南海的深海權。因此，美國的驅逐艦在南沙群島附近海域展開巡邏任務，而中國則對此嚴正表示抗議，於是兩國的攻防就此展開。

中國目前的地緣政治戰略正是「**無論如何先『擴展海域』**」。

蘇聯解體後，中國設定第一島鏈以及第二島鏈為其軍事進駐目標，也是所謂的「對美防衛線」（圖14）。「防衛線」中的第一島鏈包含東海、南海全海域；第二島鏈則擴大從菲律賓到關島、塞班、沖繩、近畿地方的沿岸等皆為其防線，是一種滴水不漏的概念。

不僅是防衛線，中國對南海的領海主權也非常積極。以一九四七年中國獨自設定的「九段線（編按：原為一九四七年由中華民國政府提出的「十一段線」，而國民政府遷台後，在一九五三年由中華人民共和國主動移除「十一段線」中的北部灣兩線，成為「九段線」。現今，仍是中華民國政府與北京政府對於南海國界的主要根據）」為主要據點，主張中方擁有南海各群島的領海主權。

中國能夠在南沙群島建築人工島，以及建設軍事據點等設施，也是以九段線的主張為基礎。此領域占世界漁獲的一成，是相當豐富的漁場之一。

聯合國海洋法公約上有規定，滿潮時會沒入海中的礁岩就不能稱為「島嶼」（編按：如沖之鳥礁就不符合此規定）。南沙群島中有少數會在滿潮時被海水埋沒的岩礁，但中國無視國際法的規定，仍將其視為島嶼，並主張其領土主權。

圖14　1. 第一、第二島鏈

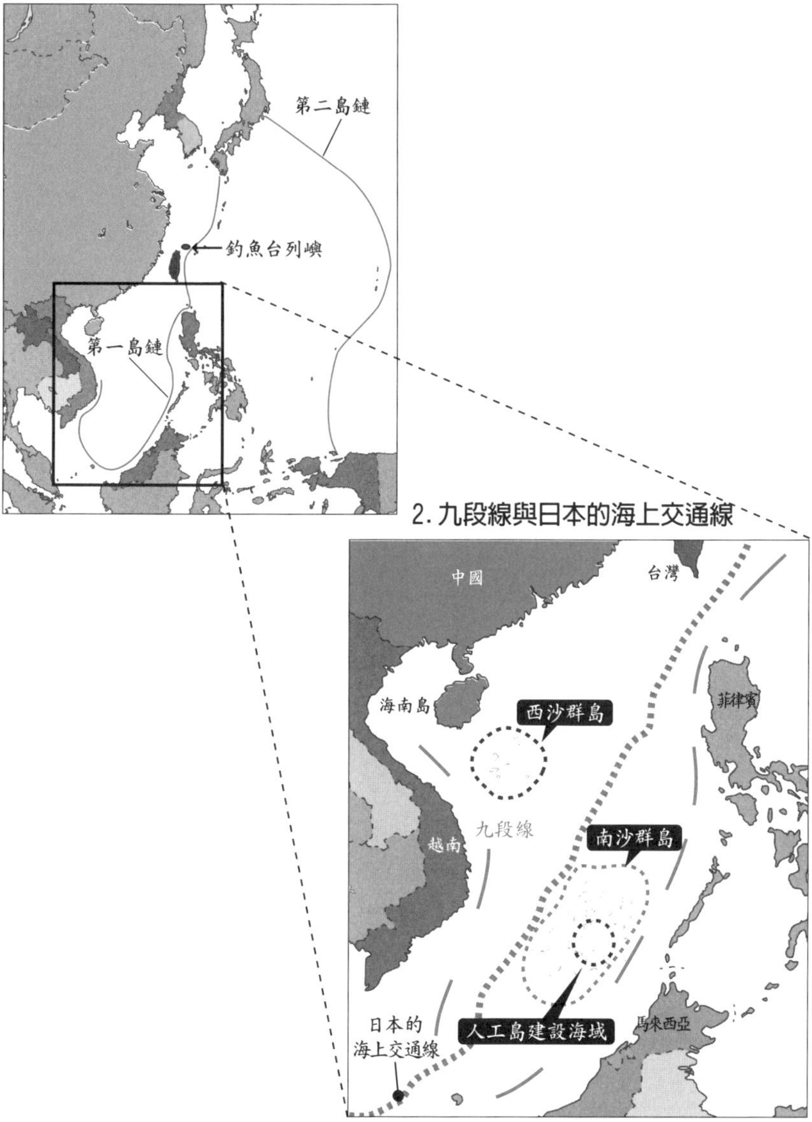
第二島鏈
釣魚台列嶼
第一島鏈
2. 九段線與日本的海上交通線
中國
台灣
海南島
西沙群島
菲律賓
九段線
越南
南沙群島
人工島建設海域
馬來西亞
日本的
海上交通線

日本對於南海的領海問題並非直接關係人。

但是，如果袖手旁觀、放任中國建設人工島嶼及軍事設施，並使其核潛艦可任意航行於周遭海域的話，將會對日本的海上交通線產生極大影響。

現今中國「無論如何先擴展海域」的戰略，雖然說是以「防衛線」為基礎，但必須連第二島鏈範圍的領域都能夠主張其主權才行。

首先，是從釣魚台列嶼開始到沖繩的地帶。沖繩因有美軍基地駐紮，因此防禦性很強，但在菲律賓就曾發生過美軍撤退後，中國立即進駐的事件。**美方軍隊假使撤離沖繩基地，那麼則很有可能再次重演菲律賓的事件**。

其次，中方提出太平洋很大足夠容納兩國的言論，也隱含欲控制包括日本列島在內的太平洋沿岸線，即使說這是中國的弦外之音也完全不讓人意外。

美國已正式發表，釣魚台列嶼為美日安保的對象，因此暫時可以安心。但只要中國仍堅持其主張，對日本就存在潛在威脅。

第3章

從古至今一路向南的

俄羅斯

從俄羅斯看世界

——想要擁有肥沃的領土和不凍港

俄羅斯的疆域原型始於九世紀末，主要是由東斯拉夫人於現今烏克蘭的首都一帶的基輔羅斯公國開始。

基輔羅斯公國的國力漸起，約在十世紀達到巔峰，此後日趨式微，至十三世紀後半，被蒙古人進攻占領。

與基輔羅斯公國同時期被蒙古人征服的區域，還包括黑海、裏海沿岸周邊廣大的土地，建立了蒙古帝國下的其中一個汗國—欽察汗國。

直至約二百五十年後的莫斯科大公國獨立前，東斯拉夫人皆受欽察汗國統治。當時，蒙古遊牧民族被稱為韃靼人，這個時期也被稱為蒙古帝國時代。

一四八〇年，莫斯科大公國的興起終結了蒙古人的統治時代，並逐漸將周邊地區統合起來；於一七二一年建立俄羅斯帝國，一直到十九世紀中葉，其統治領域幾乎涵蓋了整個北半邊歐亞大陸。

即使已經擁有如此遼闊的領土，俄羅斯仍不滿足。

這是因為接近北極海的土地並不肥沃，到了冬天甚至會結凍而無法使用。因此，**俄羅斯急欲擁有肥沃的可耕作農地，以及冬天也不會凍結的港口（不凍港），因而一直有著南進的野心。**

對俄羅斯來說，「南方」意指黑海、中東或是朝鮮半島等地。如果只看地圖會覺得印度洋看起來也不遠，但實際上中間相隔世界第一高峰—喜馬拉雅山的緣故，此方向的拓展並不可行。

接著，來看看**俄羅斯相關的戰爭歷史，透過歷史發展過程，就能夠瞭解俄羅斯想要南進的蓬勃野心。**

此外，一九一七年俄羅斯爆發革命，推翻俄羅斯帝國建立了世界第一個社會主義國家——蘇聯。

這也是第二次世界大戰後東西冷戰的根源。

蘇聯是意識形態與歐美完全迥異的世界強國，在兩次世界大戰後成為冷戰天平的一端。**加上長期的南下政策，不僅生活意識形態與西方形成強烈對比，蘇聯更以東歐各國為舞台，與西歐各國不斷地發生大規模的「拉鋸」事件。**

經過克里米亞危機（二〇一四年）事件後，更加突顯出即使蘇聯解體成為現在的俄羅斯，也仍持續著與西歐各國的拉鋸狀況。

柏林圍牆倒塌、蘇聯解體後，代表西方的資本主義體制勝利，冷戰因此終結。但實際上直到現在，對立並沒有完全消弭。

〈俄羅斯在1768 ～ 1939年的主要戰爭史〉

1768年　第一次俄土戰爭

俄國延續以往的南下政策，直攻鄂圖曼土耳其帝國。俄國勝利取得克里米亞汗國的保護權，以及伊斯坦堡海峽與達達尼爾海峽的商船通行權。

第90頁

1787年　第二次俄土戰爭

這是俄國與土耳其為了克里米亞汗國所有權所引發的戰役。鄂圖曼土耳其在孤立無後援的情況下，不得不向俄國屈服投降，承認俄國擁有克里米亞半島的領土權。經過第一、二次的俄土戰爭，以及在1772年、1793年、1795年的三次瓜分波蘭事件中，俄羅斯大幅擴張其統治疆域。

第92頁

1804年　第一次俄伊戰爭

俄羅斯延續南下政策，進攻至中東伊朗。俄國獲得高加索區的喬治亞以及亞賽拜然的北部領土。

第100頁

1812年　俄法戰爭

拿破崙戰爭中的一段。拿破崙在征討西歐各國時戰無不勝，原以為俄國也能手到擒來，卻因為俄國的寒冬超乎預期，使得戰事陷入絕境，造成軍隊莫大損失而敗北收場。此戰役也使俄羅斯再次得以擴大版圖。

第96頁

1826年　第二次俄伊戰爭 第100頁

俄國與伊朗為了爭奪亞美尼亞的領土權而引發戰役。伊朗戰敗後，被迫簽下不平等條約，俄國獲得外高加索全區的領土權。

1853年　克里米亞戰爭 第105頁

屬於多次俄土戰爭中的其中一次。由於主戰場在克里米亞半島，故又稱為克里米亞戰爭。這是俄國與法國、英國、鄂圖曼土耳其帝國等同盟國的戰役，也是近代史上少見的大規模戰爭之一，被視為「第一次現代化戰爭」。最後俄國同意談和，與列國簽屬巴黎條約。

1856年　英法聯軍 第108頁

又稱為第二次鴉片戰爭。雖然不是俄國直接參與的戰爭，但對一直覬覦南方土地的俄國來說，此戰役實為開拓東亞疆域的契機。

1877年　俄土戰爭 第112頁

此戰役使鄂圖曼土耳其帝國元氣大傷而漸漸衰微。不過，俄國也因其他國家的干涉，使其南下政策受到阻礙未能成功。

1904年　日俄戰爭　第116頁

因俄國再度以東亞作為南下政策的目標，而與日本發生利益衝突所引發之戰役。最後敗給日本，只能被迫放棄前進東亞之路。

1914年　第一次世界大戰　第120頁

屬於第一次世界大戰東方戰線的俄羅斯，外因與同盟國對戰損失慘重，加上國內經濟崩解、各方問題加劇，最終決定退出世戰，而與同盟國簽訂條約，損失歐洲史上少見的廣大腹地。

1939年　第二次世界大戰　第126頁

成為聯合國的一員，最終的勝利也確保了俄國的國際地位。

俄土戰爭與瓜分波蘭

─帝國版圖完成

俄羅斯為獲得不凍港與肥沃的土地，急欲將版圖拓展至南方；而鄂圖曼土耳其帝國則欲阻止其南下，於是從十六世紀開始陸續發生衝突。俄羅斯帝國建立的兩百年間，戰役仍然不斷持續著。

首先，來看看一七六八年發生的第一次俄土戰爭，到一七八七年第二次俄土戰爭這之中的歷程。

十七世紀末，以西歐為標的，欲急速西化的俄羅斯，在企圖經營西伯利亞至東亞一帶的同時，也透過遠征亞速，將原本屬於鄂圖曼土耳其帝國勢力範圍的亞速海納入版圖，而獲得黑海的制海權。

此外，一七〇〇年開始的大北方戰爭（瑞典對俄羅斯、波蘭、丹麥等國），鄂圖曼土耳其因獲得瑞典的幫助，大敗俄羅斯，使其必須返還亞速。戰敗後，俄羅斯強化軍備，而在之後的戰役大敗瑞典，因而獲得波羅的海的控制權。於是自**十八世紀起，俄國因取得波羅的海出海口，進而取代瑞典成為新一代的北方霸主**。

俄羅斯進入凱薩琳二世時代後，又再度啓動南下政策，於一七六八年又開始進攻鄂圖曼土耳其，這就是所謂的第一次俄土戰爭。這次戰役最後由俄羅斯取得勝利，兩國簽訂庫楚克開納吉和約，將原屬鄂圖曼土耳其帝國保護的克里米亞汗國納入俄國版圖，並取得伊斯坦堡海峽與達達尼爾海峽的商船自由通航權。（圖15）

從地圖上可以很清楚地看出，伊斯坦堡海峽與達達尼爾海峽是進出黑海、馬爾馬拉海，並通達愛琴海和地中海的重要據點。

在獲得克里米亞汗國的保護權，以及管控兩海峽自由進出的通行權後，俄羅斯的勢力成功地大幅擴張。

而第二次的俄土戰爭，則是由於俄羅斯企圖併吞克里米亞汗國所引發之戰爭。雖然俄國擁有克里米亞汗國的領土權，但是國民中的克里米亞韃靼人為伊斯蘭教徒，其意識裡仍然認為自己屬於鄂圖曼土耳其，且土耳其對於割讓克里米亞給俄羅斯懷恨在心，因此要求俄羅斯返還克里米亞汗國，並從黑海北岸撤退。當然，俄羅斯拒絕了。

就這樣，一七八七年第二次俄土戰爭的戰火就此展開。

在此戰役中，奧地利支持俄羅斯，而英國與瑞典則是支持鄂圖曼土耳其帝國。然而，就在鄂圖曼土耳其深入俄羅斯前線後，英國與瑞典卻戰前倒戈撤軍，導致鄂圖曼土耳其大軍孤立無援，不得不與俄羅斯談和，並簽訂**雅西和約**，**除了承認俄羅斯擁有克里米亞半島外，還得割讓領土**。

適逢天時地利的俄羅斯，在一七八九年碰到了法國大革命，而受到革命的餘波影

圖15 第一次、第二次俄土戰爭

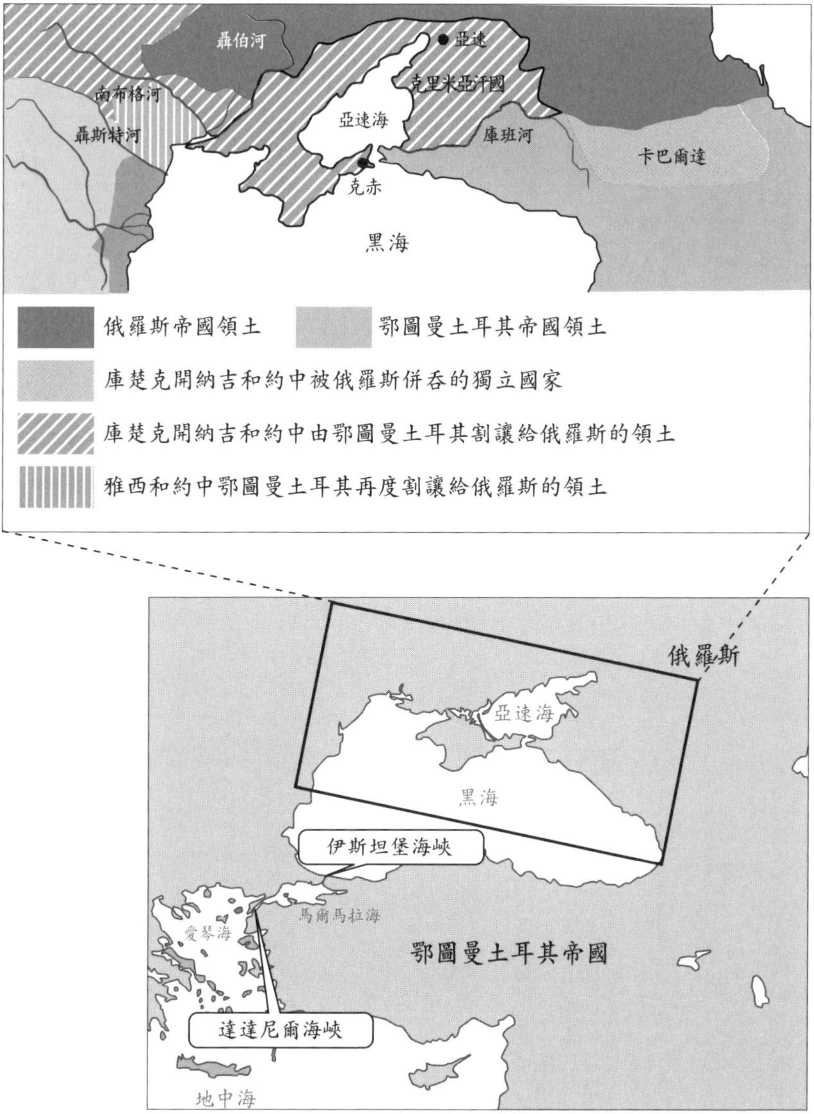

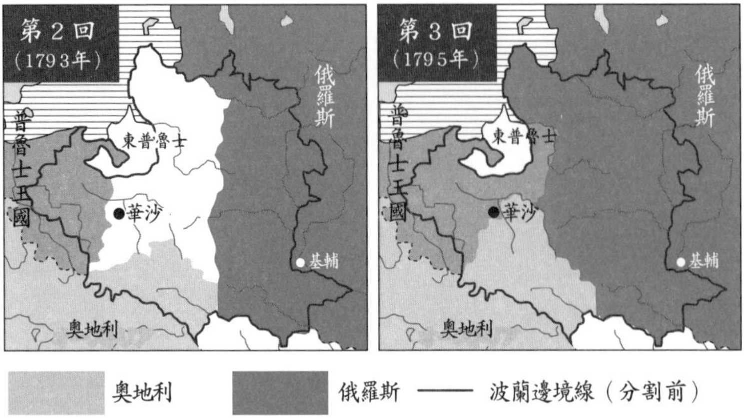

響的俄羅斯，也不得不中斷與鄂圖曼土耳其的戰事，與其談和。

與兩次俄土戰爭同時期發生的，還有一七七二年、一七九三年、一七九五年的**波蘭領土三次瓜分事件**。(圖16)上方為俄羅斯、普魯士、奧地利當時的領土擴張圖。

波蘭(當時的波蘭立陶宛聯邦)在經過三次瓜分後，領土蕩然無存，也因此滅亡。

第一次世界大戰結束，滅亡約一二〇年後的波蘭曾一度自行宣布獨立，但一直要到第二次世界大戰結束後，才再度

圖16　波蘭三次喪失領土演變圖

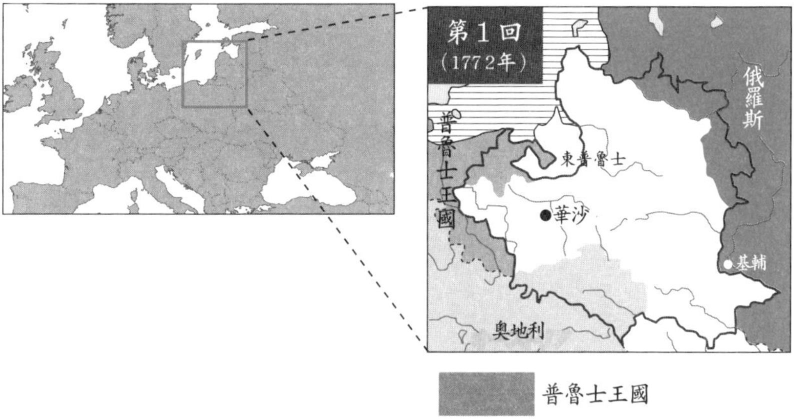

從德國與蘇聯手中取回領土，直到一九四五年才真正獨立復國。

就這樣，俄羅斯經過第一、二次的俄土戰爭和瓜分波蘭領土，得以大幅擴張自己的疆域面積。

此後直到一七九六年，才因為凱薩琳二世逝世，而使得俄羅斯一貫的南下政策終於暫時告一段落。

俄法戰爭

──擊退法國、擴張領土

一八一二年，俄羅斯在法國大革命後，開啓了侵略鄰國的戰爭，也接受了拿破崙的宣戰（遠征莫斯科）。拿破崙發動的此次戰役，法軍一開始長驅直入莫斯科，但俄國隨即採取焦土政策將莫斯科燒成空城，使法軍糧盡援絕而撤退，最終大敗拿破崙。不僅如此，根據談和的內容，法國必須將芬蘭等地一併割讓給俄羅斯。

這次的遠征計畫要追溯至二十三年前（一七八九年）所發生的法國大革命。當時，普魯士與奧地利害怕人民受到革命的影響，因此出手干預法國的內政。法國則想藉著武力一次解決革命勢力和他國的干政，因而在一七九二年向奧地利宣戰。接受戰帖的普、奧結成同盟後，一度使法軍備受打擊、士氣低落；但在同盟軍行進到巴黎時，法國開始集結義勇軍，戰意高昂的法國士兵開始反攻。一七九三年，以英國為中心，歐洲列強組成反法同盟來對抗法國，形成法國與歐洲各國對立的情況。

而拿破崙就在此時登場了，由此開始發生的一連串戰役皆稱為拿破崙戰爭。由於擁有革命派軍人的背景，使得拿破崙在大小戰役中展露頭角；一七九七年更在義大利大勝奧軍，歐洲各國為了對抗法國而集結的同盟宣告解散。

一七九九年，英國再次加入反法同盟，同年，拿破崙發動政變取得政權。原以為法國大革命成功後即可順利阻止他國干涉內政的現象，不料戰爭開始走樣，拿破崙將戰爭轉變為以擴大領土為目的。英國畏懼勢如破竹的拿破崙軍，因此在一八〇五年第三次加入抗法的同盟軍，與西班牙海軍一同運用海上艦隊擊敗法國。

拿破崙也隨即改變戰術，放棄進攻英國領土，改用封鎖英國經濟的方式，於一八〇六年發布大陸封鎖令。簡單來說，就是法國禁止歐洲各國與英國通商，利用封鎖歐洲市場的方式，讓原本有經濟優勢的英國失去市場以制裁英國。然而，拿破崙的如意算盤卻適得其反，「大陸封鎖」不旦沒有影響英國，反而讓歐洲大陸的經濟更加混亂，鄰近國家的反法情緒日益高漲，甚至出現反抗的國家。

此後，拿破崙的野心不只在西歐各國，甚至想要侵略俄羅斯。於是在一八一二年開啓了遠征莫斯科之役，但俄國超乎預期的寒冷氣候卻阻礙了行軍進度，帶來莫大的損失，法軍最後敗北收場。而蘊藏反法情緒已久的歐洲各國，藉機發起民族獨立戰爭，拿破崙也在此次戰敗後黯然下台。

一八一四至一五年間，英、奧、俄、普、法等國參與的**維也納會議**，目的在解決「拿破崙戰爭和法國大革命」後的秩序問題，以維持歐洲的和平。之後達成的**維也納協議**，承認了一八〇九年後由俄國沙皇自任君王的芬蘭大公國的主權，並將原屬鄂圖曼的比薩拉比亞，以及原本分屬普魯士、奧地利的波蘭大部分領土，全數納入俄羅斯版圖。（圖17）

事實上，拿破崙在擊敗普魯士後，取得普魯士和奧地利先前瓜分的波蘭領土（第九四、九五頁），另外扶植建立了華沙大公國。拿破崙戰敗後，華沙大公國也隨之消滅。俄羅斯就在這塊領土的基礎上又建立了另一個王國——**波蘭立憲王國**。但事實上，國王是由俄羅斯沙皇指定；也就是說，波蘭立憲王國徒具虛名，實質上還是由俄羅斯所控制的其中一塊領土。

就這樣俄羅斯藉由拿破崙戰爭，再度成功地擴張勢力版圖。

圖17 拿破崙戰爭

維也納協議下俄羅斯勢力圖1（波蘭立憲王國）

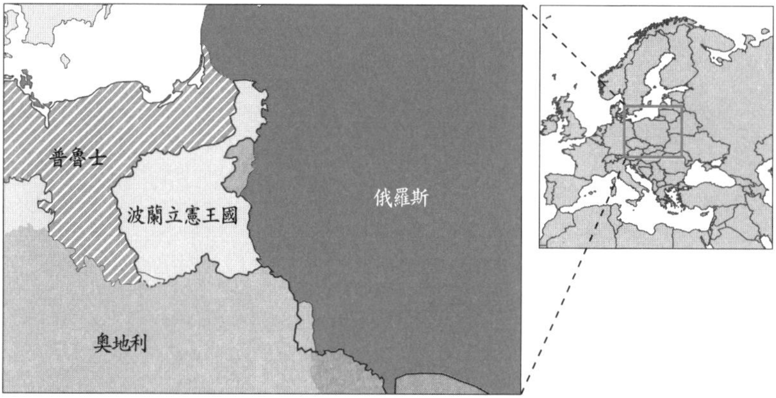

維也納協議下俄羅斯勢力圖2（比薩拉比亞）

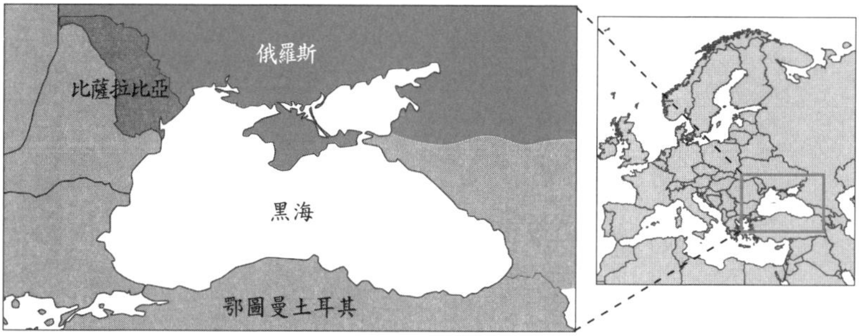

維也納協議下俄羅斯勢力圖3（芬蘭大公國）

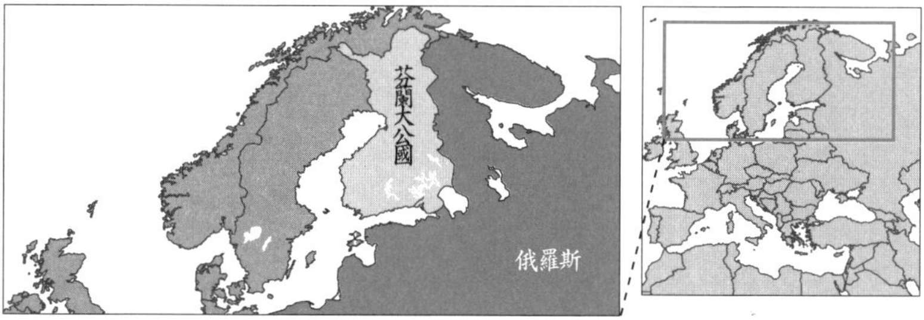

俄伊戰爭與英阿戰爭

──英國想要阻止俄羅斯向南擴張

想要向南擴張版圖的俄羅斯，接著將目標轉向中東，進而與英國為爭奪阿富汗而產生對立衝突。

英阿戰爭（共三次），則是俄羅斯支持伊朗（當時的卡札爾王朝）進攻阿富汗，而英國認為俄羅斯的南下政策為歐洲危機之一，因此介入戰爭。

俄羅斯的南侵策略，將中東地區列為攻占的目標，於是在一八〇四年進攻伊朗。在第一次的俄伊戰爭（一八〇四至一八一三）之後，俄羅斯獲得了高加索地區的喬治亞與北亞塞拜然的領土。

俄羅斯接著又於一八二六年，再次發動第二次的俄伊戰爭，這次則是為了爭奪亞美尼亞的所有權所引發的戰役。

一八二八年俄伊戰爭結束後，伊朗簽下了不平等條約（土庫曼查伊條約），俄羅斯因此獲得了外高加索全區（亞塞拜然、亞美尼亞、喬治亞）的領土。

同年，俄羅斯又馬上著手進攻鄂圖曼土耳其帝國的計畫。

此時鄂圖曼土耳其帝國境內，各民族受民族主義思潮的影響，開始致力於獨立運動，因此帝國內部的向心力十分薄弱。俄英法等國也藉此良機，企圖干涉鄂圖曼土耳其帝國的內政。

一八二一年，原屬鄂圖曼土耳其帝國勢力範圍的希臘發動了獨立戰爭。英、法、俄皆支持希臘獨立，希臘最終也取得了勝利，獲得自主權。而一八二八年，俄羅斯又再次挑起與鄂圖曼的戰爭。

結果是由俄羅斯取得勝利，迫使鄂圖曼土耳其帝國割讓流入黑海西岸的多瑙河口地區，更使其承認俄羅斯擁有亞美尼亞、喬治亞的主權。

圖18 俄伊戰爭、英阿戰爭

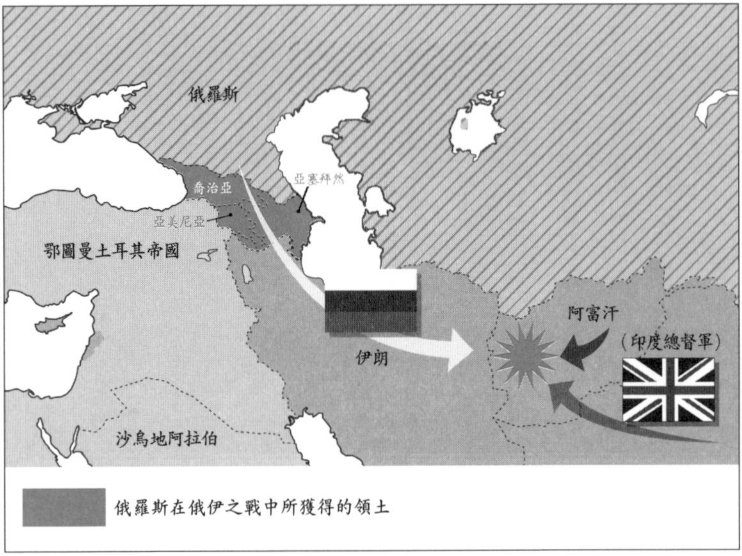

俄羅斯的勢力不斷向南邁進，南下政策的成功使俄羅斯得以大規模拓展其管轄版圖。

此時，另一個對俄羅斯所向披靡的南下政策感到憂心的國家，正是英國。

伊朗受到俄羅斯指使，開始進攻阿富汗。而英國也展開了軍事行動搶先占領阿富汗，成功阻止俄羅斯的南下計畫。

然而，英阿戰爭卻箭在弦上，不得不發。(圖18)

一八八〇年，英國取得第二次英阿戰爭的勝利，成功地將阿富汗納為英國的保護國之一，並且將伊朗的南部區域劃為英國的勢力範圍，而伊朗北部則成為俄羅斯的勢力範圍。

土埃戰爭與克里米亞戰爭

─被英法擊退，俄羅斯錯失黑海控制權

土埃戰爭和克里米亞戰爭的導火線，是由於當時的埃及總督穆罕默德．阿里要求鄂圖曼土耳其給予敘利亞的主權，作為一八二一年希臘獨立戰爭中埃及支援土耳其的報酬。不過，鄂圖曼土耳其拒絕了他的要求。一八三一年，穆罕默德．阿里出兵引發了第一次的埃及與土耳其的戰爭。

此時，鄂圖曼土耳其轉而向俄羅斯尋求援助，而想進出黑海取得地中海通行權的俄羅斯，可藉此拓展勢力版圖，並沒有損失。因此，俄羅斯以援助土耳其為由，出兵到連結地中海與黑海的達達尼爾海峽。

英國怕俄羅斯勢力範圍越來越大，於是和法國一同介入第一次土埃戰爭。英法兩國與鄂圖曼土耳其進行交涉，迫其割讓敘利亞和北非領土給埃及；而不得不簽訂此條約的土耳其，此時便改與俄羅斯簽訂密約，使俄羅斯擁有伊斯坦堡海峽與達達尼

爾海峽的獨占航行權，作為俄羅斯出兵支援的報酬。

一八三九年爆發第二次土埃戰爭。此時，英、俄、奧、普結盟援助土耳其，孤立無援的穆罕默德·阿里戰敗。在一八四〇年所簽訂的倫敦條約中，埃及必須歸還第一次土埃戰爭中取得的敘利亞領土，並且穆罕默德·阿里的埃及領土權受土耳其蘇丹管控。雖然，穆罕默德的總督世襲制保留住了，但此後由於歐洲列強的干涉，埃及逐漸淪為列強的殖民地。

接著，英、俄、奧、普、法五國又另外和土耳其簽訂海峽協定，而俄土兩國先前簽訂的密約也被迫廢止。

英國就這樣利用精湛的外交戰術，架空了俄羅斯原本與鄂圖曼土耳其帝國簽訂且已經到手的地中海控制權。

一八五三年，倫敦會議後約十年，俄羅斯又向鄂圖曼宣戰，這次是以東正教教徒在土耳其境內受到迫害為由，是為了保護教徒所採取的措施。

由於鄂圖曼土耳其帝國受到英法兩國的援助，因此對俄羅斯開戰。英國是為了確保通往印度的道路能夠暢行無阻，而法國則是為了恢復法國大革命、拿破崙戰爭後下滑的國際威望，這兩國與鄂圖曼的利害一致，因此結為同盟。

這原本屬於俄土兩國長久以來的其中一場戰爭，但因為英法兩國的介入，實質上卻演變成俄羅斯對英法兩國的戰爭了。

俄羅斯與英、法、土聯軍的這場戰役，是近代史上罕見的大規模戰爭，也是俄羅斯為了擁有不凍港，而延續南下政策的一環。由於戰事僵持不下轉變成長期抗戰，加上奧地利軍隊常駐在俄羅斯邊境的緣故，英法兩國誘使奧地利逼退俄國撤軍，俄羅斯轉為劣勢。一八五四年，英、法、土耳其三國盟軍從克里米亞半島登陸，破壞俄羅斯在黑海沿岸的重要軍事據點塞凡堡，這是盟軍取得勝利的關鍵一役。最終在一八五五年，塞凡堡淪陷，俄羅斯被迫談和。又由於這次的俄土戰爭關鍵戰場在克里米亞半島的緣故，因此也稱為克里米亞戰爭。

南丁格爾就是在這場戰役中，因改善醫療環境、降低傷兵死亡率而廣為人知。

依據一八五六年簽署的巴黎條約，俄羅斯須割讓比薩拉比亞南部給摩爾達維亞公

圖19 克里米亞戰爭中，俄羅斯失去的領土

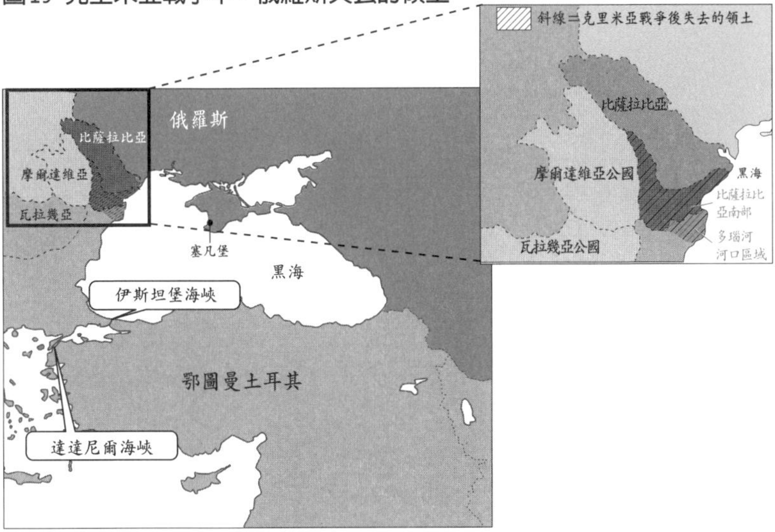

國，同時承認摩爾達維亞、瓦拉幾亞公國，與塞爾維亞公國的自治權。

此外，廢除其一八二八年俄土戰爭中所獲得的多瑙河口區域的自由航行權，黑海艦隊也被撤除。

根據先前的倫敦條約和此次的巴黎條約，**俄羅斯喪失了伊斯坦堡海峽、達達尼爾海峽，以及多瑙河口的航行權，好不容易建立起來的黑海沿岸據點全部付諸流水。**（圖19）

俄羅斯長期不斷地與鄂圖曼土耳其作戰，努力進行從黑海進入地中海的南下政策，卻在此遭受莫大的打擊與挫折。

英法聯軍

—英法勝利之際，趁勢獲得不凍港

英法聯軍，顧名思義與俄羅斯並沒有直接的關係，但是俄羅斯被迫放棄中亞的南下政策後，轉而向東亞發展，因而特別介紹此戰役。

清政府在一八四〇年的鴉片戰爭敗給英國後，國力迅速衰減，俄羅斯於此時趁虛而入，占領了黑龍江流域。

另一方面，英國在鴉片戰爭後依照南京條約的內容，開始與清朝展開自由貿易活動，但又不滿於只開放上海、廈門、廣州等五座港口通商。

在此背景下，一八五六年十月又發生了亞羅號事件。

此事件起源於清政府的廣州水師，對停泊在廣州港口的英國籍船隻亞羅號進行搜查，並逮捕中國籍船員。

對英國而言，正好可再藉此機會逼迫清朝簽訂更多不平等條約。英國領事抗議亞羅號事件，認為這是對英國的侮辱行為，為了擴大開放的港口，以及在北京常設領事館等目的，而聯合法國出兵攻打清政府。法國也為了先前法國傳教士在中國遭殺害事件，正與清朝交涉中，為了使結果對法國更有利，因此決定與英國結盟出兵。

英法聯軍從廣州北上發動攻擊，短短幾天內就已經攻打到天津附近。同時期，中國境內也爆發太平天國之亂，這是由一群以基督教為基礎的新興教派信徒所發動的動亂，他們攻下南京，並自立國家。

在這樣內憂外患的情況下，清政府完全無法與英法匹敵，只能投降。

雙方在一八五八年簽訂天津條約，清政府除了開放在南京條約中的五個港口外，再另加十個通商港口，並在北京常駐外國領事館。顯而易見地，鴉片戰爭後所簽訂的不平等條約越來越多，問題也日益勃發。

然而中國境內對簽訂這些不平等條約的不滿與反對聲浪越發高漲，於是清政府拒絕簽署條約。但英法聯軍馬上又藉機發兵，在一八六〇年攻占北京。

清政府最終敗給英法聯軍，並簽訂北京條約，除了批准天津條約外，港口開放的數量增加為十一個，還要再賠償比天津條約更多的賠償金。

在這一連串的戰役中，俄羅斯更搭上順風車，藉機從中得利，先後於一八五八年與清政府簽訂瑷琿條約，一八六〇年簽訂北京條約。條約中迫使清政府承認黑龍江以北與烏蘇里江以東的濱海區域歸俄羅斯所有，包括海參崴港。（圖20）

在克里米亞戰爭中，因入侵黑海地區受挫的俄羅斯，乘著英法聯軍之際，趁虛而入，終於獲得了不凍港。

這成就了俄羅斯南向政策，和擴展遠東的路徑。

圖20 黑龍江及濱海地區

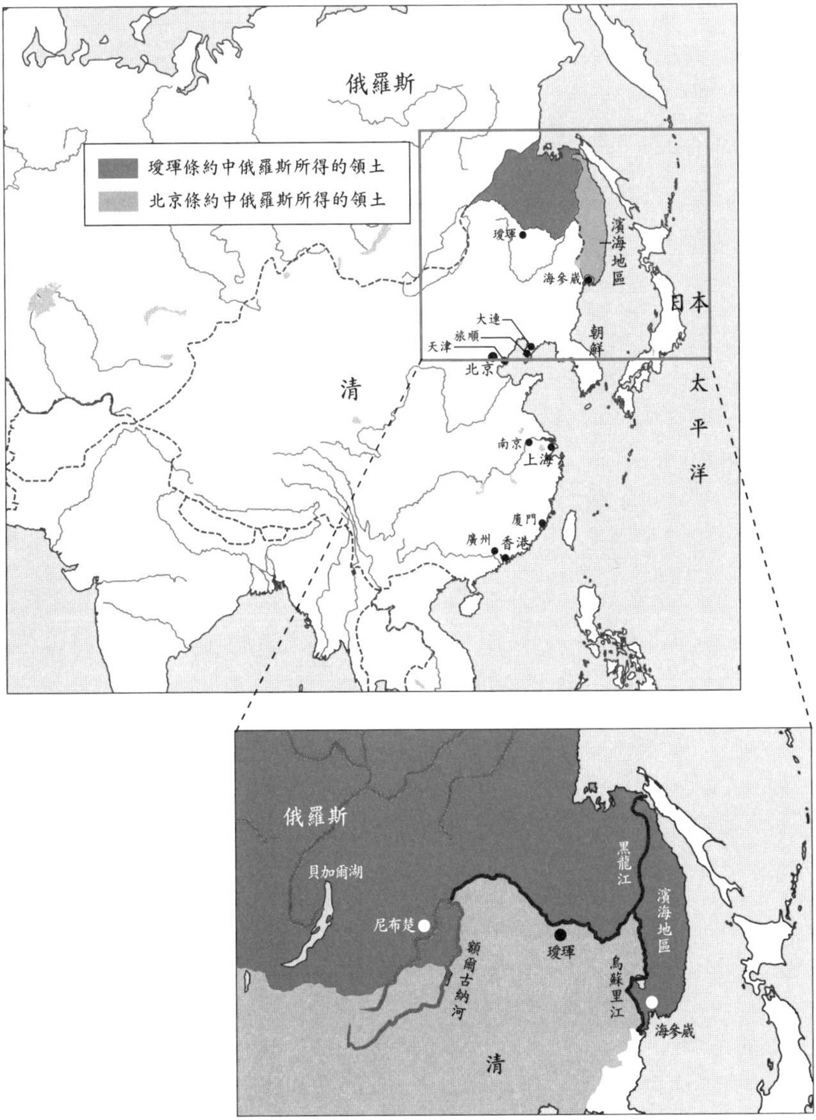

俄土戰爭

—即使獲得壓倒性的勝利，卻因西歐介入而失敗

在克里米亞戰爭中敗北，一度中斷南下政策的俄羅斯，接著又再度進攻鄂圖曼土耳其帝國。

鄂圖曼土耳其帝國在與俄羅斯的幾次衝突中，歷經不斷地重複失去領土又再要求返還，國力已日漸衰微，後期幾乎無力對抗俄羅斯；再加上境內各地民族意識逐漸崛起，在內部分崩離析的內憂威脅下，更無法全力對抗俄羅斯。

一八七七年的俄土戰爭，是兩百年來兩國間的最後一役，鄂圖曼土耳其自此迅速走向衰亡。

另一方面，俄羅斯擊敗鄂圖曼土耳其後，原以為疆域可以大幅擴增，卻沒想到受到深恐俄羅斯日漸興盛的西歐列強介入調停。

一八七五年，原屬鄂圖曼土耳其帝國下的巴爾幹半島各民族，紛紛開始脫離土耳其而獨立。首先起義的是斯拉夫民族的希臘東正教教徒─波士尼亞與赫塞哥維納的農民，群起響應的還包括周邊的保加利亞、塞爾維亞公國、蒙特內哥羅公國，也都紛紛表示聲援立場。

簡言之，就是斯拉夫語系民族開始反抗穆斯林的概念。

此時俄羅斯境內適逢泛斯拉夫主義蓬勃發展（斯拉夫語的意思是：民族需團結的思想主義），俄羅斯認為可藉此良機進駐巴爾幹半島。

因此，一八七七年，俄羅斯以保護斯拉夫人為由，再度向鄂圖曼土耳其宣戰，從巴爾幹半島和高加索地區進攻，屢屢戰勝鄂圖曼。一八七八年，在聖斯特凡諾簽訂條約，結束了最後一次的俄土戰爭。（圖21）

事態至此，俄羅斯原以為會完美結束的戰爭，卻走向完全相反的結局。

根據聖斯特凡諾條約中的內容，俄羅斯的勢力範圍將會擴張至巴爾幹半島，但卻引發英國與奧匈帝國的嚴重抗議。

圖21　聖斯特凡諾條約中俄羅斯所獲得的領土

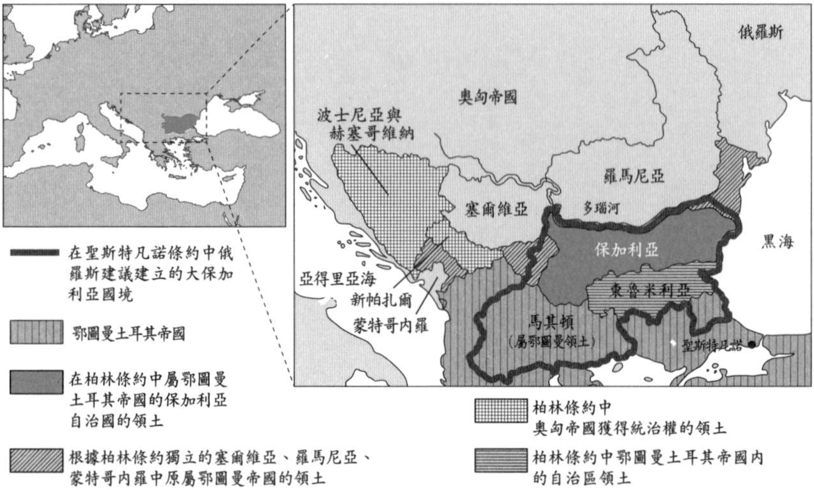

聖斯特凡諾條約中，除了將黑海沿岸地區劃分給俄羅斯外，還承認保加利亞公國領土從黑海擴大到愛琴海沿岸，另外使保加利亞公國成為鄂圖曼帝國內的自治國（大保加利亞）。

實際上，鄂圖曼帝國內的自治國，基本上就等同隸屬於俄羅斯的保護圈內。也就是說，藉由保加利亞公國，俄羅斯可將勢力延伸至地中海。

從奧地利方面來看，如果讓俄羅斯繼續發展下去，則其所標榜的泛斯拉夫主義將會擴展到巴爾幹半島，而自己所主張的泛日耳曼主義則會窒礙難行。

若從英國方面來看，俄羅斯勢力延

伸到地中海，將會威脅到英國在西亞以及印度的權益。

這樣看來，由英奧兩國首先發難，對聖斯特凡諾條約提出異議也十分合理了。

此時，德國提出調停，召開柏林會議，於一八七八年簽訂新柏林條約，以取代聖斯特凡諾條約，內容也遭大幅修改。

好不容易打敗鄂圖曼土耳其帝國，眼看就能收穫巴爾幹半島到地中海的範圍，卻因為西歐列強的干涉，俄羅斯的南下政策又再度中斷。

日俄戰爭

——企圖擴張至日本海，卻因國內革命導致帝國式微

俄羅斯雖然在俄土戰爭中取得勝利，但卻無法享受戰果。因此，俄羅斯又把南下政策轉移到東亞，而與新興國家日本產生的利害衝突，引發了日俄戰爭。

此時，俄羅斯帝國境內正逢內政混亂期。

俄羅斯認為藉著拓展黑海與東亞地區的勢力來擴大領土後，就可消除國內社會不安的現象。於是，趁英法聯軍勝利之際獲得烏蘇里江以東的濱海地區，為了能讓勢力更穩固，因此俄國開始著手建設西伯利亞鐵道，成了此事件的開端。

俄羅斯就這樣藉此開始進入滿州和朝鮮，同樣覬覦滿州、朝鮮，欲從中獲得利益的日本，認為俄羅斯會阻礙其發展。

朝鮮半島與日本列島僅相隔朝鮮海峽，如果任由俄羅斯發展至朝鮮，那麼極有可能會危害到日本本土。因此，日本對俄羅斯的南下政策感到憂心，與英國基本上屬於同一陣線，於是結成英日同盟，美國也對此結盟採取正面態度。

另一方面，俄羅斯則與法國結成俄法同盟，德國則是支持俄羅斯入侵東亞，與俄法想法一致。此為國際對立的背景。

一九〇四年，日俄戰爭爆發。

戰爭之初，俄羅斯看似極具壓倒性的軍事優勢，但在開打之後，反而是日本在奉天會戰和日本海海戰等主要的戰役中獲得重大勝利。

這最主要的原因就是英日同盟，以及美國背後的支援，才讓原本處於劣勢的日本得以逆轉戰局。

庫頁島南部

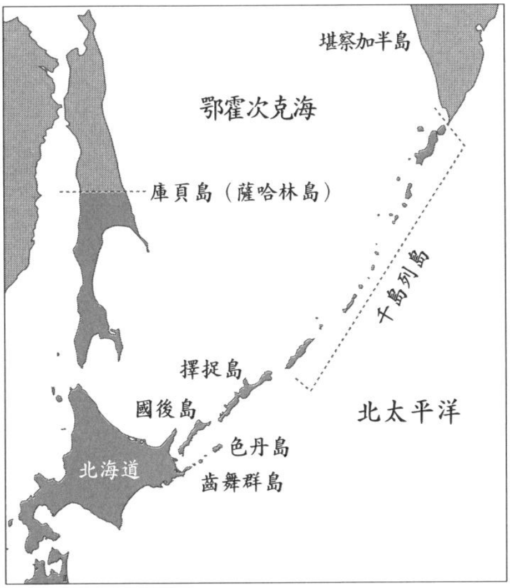

與此同時，俄羅斯國內也由於革命的氣勢高昂而活動頻繁，一九〇五年一月，戰況處於劣勢的期間，又發生了「血腥星期日」事件（武裝軍隊鎮壓示威遊行的勞工們所引發的流血衝突事件，造成一千多人死亡），因而爆發第一次俄羅斯革命。

對俄羅斯而言，日俄戰爭無疑是引發國內革命的導火線。

另一方面，雖然日本在日俄戰爭中占上風，但演變成長期抗戰後，軍事費用和死傷人數都大幅增加，因此國民的日常生活也變得相當匱乏。

於是，一九〇五年，由美方介入調停，兩國展開談和會議。

朴資茅斯和約中載明，日本獲得了庫頁島南部的主權，朝鮮半島、遼東半島為其勢力範圍，並擁有南滿鐵道權，還有烏蘇里江以東濱海地區和堪察加半島的漁業權等。（圖22）

俄羅斯在之前俄土戰爭所簽訂的柏林條約中，因受西歐列強阻礙，而無法自由進

圖22 朴資茅斯和約

中國大陸

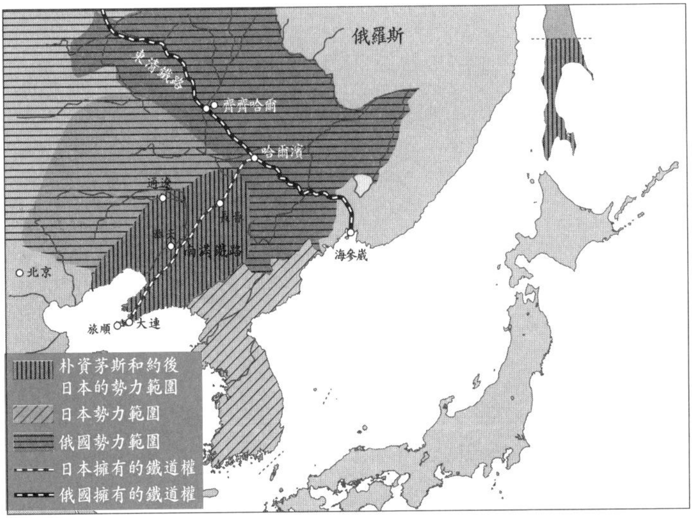

出巴爾幹半島，使得南侵計畫無功而返。

這次計畫往東亞拓展至濱海地區，但同時也正逢俄羅斯帝國境內革命風氣高漲，敗給日本後，也只得**被迫停止遠東地區的擴張**。

第一次世界大戰

—因屢戰屢敗而引發革命，俄國建立蘇維埃政權

觀察俄國的長期外交動向即可發現，不論是往黑海、東亞等區域發展，都是一路向南的策略。如果有一邊受到阻礙則向另一方向拓展，若不順利則再換一個方向嘗試，視情況而改變。

俄國在日俄戰爭戰敗後的動向，更是符合此原則；俄國在南侵東亞受阻後，馬上又將目標轉向巴爾幹半島，不過卻意外引發了第一次世界大戰。

當時俄羅斯帝國為了遏止自第一次俄國革命後蔓延的革命風潮，欲再度提升帝國主義而擴張領土，以消解國內對政府不滿的情緒。然而，此舉最終反而促使俄國革命成功。第一次世界大戰期間爆發革命，俄羅斯帝制遭推翻後，走向社會主義共產國家，成立蘇維埃聯邦共和國。

另外，巴爾幹半島也由於鄂圖曼土耳其帝國的衰敗，開始發起各獨立運動。一九一二到一九一三年間，巴爾幹半島內戰頻發，更引發種族衝突，分別與西歐列強結為同盟，而在巴爾幹半島上的紛爭，竟完整呈現出國際間的衝突。

其中，俄國逐漸在脫離鄂圖曼土耳其帝國的巴爾幹半島上擴張其勢力，同時又開始燃起戰意。

一九一四年，奧匈帝國皇儲斐迪南夫婦，在波士尼亞的塞拉耶佛遭到塞爾維亞青年暗殺，而受到德國支持的奧匈帝國隨即向塞國宣戰。接著，俄國支持塞國也下令動員參戰，因此德國便向俄國宣戰。此外，還一併向法國宣戰，第一次世界大戰就此爆發。

位於東部戰線的俄國，出乎預期之外地敗給德國，造成龐大的死傷人數，而不得不撤退。

戰敗導致俄國人民對政府的不滿再度擴大，革命派聲勢大漲。

一九一七年三月（舊曆二月），俄國首都聖彼得堡發生民衆暴動，革命行動由此迅速地蔓延全國，最終導致俄國沙皇制度被推翻。這就是著名的二月革命（第二次俄國革命）。

中產階級趁勢建立國會，成立臨時政府；另一方面，在各地也紛紛成立「蘇維埃」。「蘇維埃」即是指由工人、農民、士兵等勞動階級所組成的代表議會，也就是說在社會主義者的帶動下，由各地窮困的民衆自然集結而成的組織。

當各地的蘇維埃勢力日漸高張，就會與支持繼續戰爭的臨時政府形成對立局面。而俄國就在第一次世界大戰情勢最嚴峻之際形成雙政府，此狀況嚴重危害俄國的內政，使其面臨最大的危機。

一九一七年四月，逃亡至瑞士的列寧歸國，提出「和平、土地、麵包」的口號，並發表了「四月提綱」。

同年十一月（舊曆十月），以列寧為首的布爾什維克黨人（列寧派政黨）武裝起義，臨時政府鎮壓無效，最終由布爾什維克與社會革命黨左派人士共同建立蘇維埃政權。這次的十月革命推翻了臨時政府，在歷經了第一次、第二次革命後，俄國革命才終告成功。

俄國既然已被反戰的蘇維埃掌握實權，於是列寧就勸告第一次世界大戰的各參戰國，應盡速停戰。但由於聯合國並不打算配合其所主張的「不割地、不賠款，以及民族自決」，因此竟無一國和解。

一九一八年三月，蘇維埃政權宣布退出第一次世界大戰，單獨與德國簽訂布列斯特和約後停戰，放棄芬蘭、愛沙尼亞、拉脫維亞、立陶宛、波蘭、烏克蘭以及其他鄂圖曼帝國邊境地區的所有權利。

對俄國來說，第一次世界大戰的爆發本來就是基於沙俄時代的拓展策略，其主要戰略為集中火力，將沙俄勢力範圍延伸至巴爾幹半島，以取得黑海的資源，並順利打開南方通路。

然而，國內對沙皇的不滿已無法抑制，**革命成功推翻帝制後，還是失去了史無前例廣大的領土**。

同期間，德國也由於戰敗，不得不廢除之前所簽訂的和約，但是其中的波蘭、愛沙尼亞、拉脫維亞、立陶宛、芬蘭、烏克蘭獨立部分仍屬有效。

此後，俄羅斯也由農民所支持的社會革命黨獨大，因此布爾什維克黨解散國會，形成由無產階級領導的一黨獨裁制。

在此期間，俄羅斯的鄰近地區也漸漸產生許多蘇維埃政權，與俄羅斯革命政權形成相互呼應的局面，鞏固革命勢力，與反革命勢力產生抗衡。

最後，一九二二年加上烏克蘭、白俄羅斯、外高加索三個共和國後，成立了蘇維埃聯邦社會主義共和國。

就這樣慢慢擴大的蘇維埃聯邦，最終又加入了斯拉夫系的高加索地區、中亞、波羅的海三小國等十四個共和國，形成廣大的勢力範圍，造就共產黨一黨獨裁的巨大聯邦。（圖23）

圖23 蘇維埃聯邦社會主義共和國

俄國革命使俄羅斯得以脫離第一次世界大戰，期間雖然一度失去廣大領土，但也正因為有俄國革命，才得以建立新的體制，藉此構築了前所未有的勢力範圍。

第二次世界大戰

──奠定與美國齊肩的強國地位

經過俄國革命而成為巨大聯邦的蘇聯，在第二次世界大戰中以同盟國一員的身分參戰，同盟國勝利後，蘇聯的世界強國地位也就此確立。

第二次大戰之後，蘇聯為社會主義的龍頭，對東歐諸國極具牽制的影響作用，因此西歐和美國皆嚴正以待，導致美蘇之間以強大軍事力量互相抗衡，而形成東西「冷戰」的局面。

那麼在第二次大戰期間，蘇聯又是如何作戰的呢？一開始是蘇聯與希特勒為代表的德國結盟共同作戰，於一九三九年八月簽訂了蘇德互不侵犯條約。蘇聯的史達林與德國的希特勒，原本可說是天敵一般的存在。但究竟發生什麼事情，使他們一百八十度大轉變地結盟呢？

一九三八年兼併奧地利的德國，又在同年的慕尼黑會議中說服英法兩國，將捷克斯洛伐克的蘇台德領土割讓給德國。另一方面，史達林恐懼德國的野心會蔓延至東歐，因此想要和英法兩國聯手對抗德國。但在慕尼黑會議上，英法始終對蘇聯抱持不信任態度，在敵視蘇聯的背景下，英法既然同意德國提出的要求，也等同默認德國可以進攻蘇聯。

然而，德國也有自己的考量，在得到蘇台德，並建立了波希米亞和摩拉維亞保護國，以及斯洛伐克共和國這兩個隸屬德國的傀儡國後，接著又要求立陶宛割讓克萊佩達，最後甚至要求波蘭「返還」其在凡爾賽條約中割讓的波蘭走廊，毫不掩飾其吞併的野心。

在慕尼黑會議中，面對德國勃勃野心已經讓步的英法，此時再也無法坐視不管。英國國內也出現保護波蘭的聲浪，英法與德國間的緊張氣氛一觸即發。此時，蘇聯又因為英法的不信任，才會在一九三九年八月秘密與德國簽訂蘇德互不侵犯條約。

蘇聯在一九三九年五月由於邊境衝突（諾門罕戰役），而與日本形成對立關係，因此也不得不分散戰力協防。根據蘇德互不侵犯條約，至少對德國方面不需防備，因此可以集中火力對付日本。

德國則是暫時擱置與蘇聯的戰爭，於一九三九年九月進軍波蘭，英法也馬上向德國宣戰，第二次世界大戰就此爆發。德國首先占領了波蘭西部，閃電襲擊丹麥、挪威，隨即席捲荷蘭、比利時，最後進攻法國，法國投降。蘇聯見德國占領波蘭西部後，隨即跟進出兵攻占波蘭東部，一九四〇年與波羅的海三小國合併。

德國因與蘇聯簽訂互不侵犯條約，而順利席捲歐陸後，原以為可乘勝追擊攻下英國，沒想到英軍奮力抵抗，進攻西線受到阻礙，只好把目標轉向東歐。

一九四〇年，德國出兵巴爾幹半島，與匈牙利、保加利亞、羅馬尼亞三國組成同盟後，進軍占領南斯拉夫和希臘；這讓蘇聯開始意識到事態緊急，蘇德互不侵犯條約至此已變得有名無實。最後在一九四一年六月，德國背棄蘇德互不侵犯條約，進攻蘇聯，蘇德之戰就此展開。同年四月，日本與蘇聯簽訂中立條約，因此蘇聯可調回軍隊，集中戰力對抗德國。蘇聯成功在莫斯科附近阻擋德國軍隊的進攻，同時又因為有美國與英國的支援而擊敗德國。

一九四三年十一月，以善後二次大戰為由，於德黑蘭展開會議，參與的國家有英國、美國、蘇聯。

此時同盟國也開始反擊，從已被德國占領的法國登陸，最終在德國投降前夕，蘇聯也開始討論是否要加入對日戰爭，因為義大利於此時已經投降，德國認輸也只是時間上的問題而已，最後只剩下日本了。

接著一九四五年二月，英、美、蘇三國又舉行了雅爾達會議，蘇聯以在日俄戰爭中割讓給日本的庫頁島南部與千島列島主權為條件，與英美達成協議進攻日本。由於此條約為秘密簽訂，又稱為雅爾達密約。

一九四五年四月，在日蘇中立條約即將期滿的前一年，蘇聯即向日本表明合約不續簽的意思，也就是說一年之後的到期日始，合約中止。

一九四九年五月德國投降，八月八號蘇聯背棄日蘇中立條約，攻打日本。而在美國對日本投放兩顆原子彈後，日本已經無法再繼續作戰了，八月十四日接受菠次坦宣言，無條件投降。

蘇聯則由於當初與英美協議加入對日作戰，因此搖身一變就成了「戰勝國」，也在戰後成立的聯合國安全理事會中成為常任理事國的一員。

那麼在這之後，俄羅斯帝國時期的南侵外交政策，現在又是怎樣的狀況呢？從一九七九年進攻阿富汗的例子來看，顯然到目前為止，俄羅斯南下政策的野心還是相當積極。不過，美國支援阿富汗，成功阻擋蘇聯的進攻，使得蘇聯從一九八八年開始陸續撤兵。

接著一九九一年，蘇聯解體後建立俄羅斯，就此確立了與美國並肩的大國地位，現在也繼續擔任聯合國安全理事會的常任理事國之一。

此外第二次世界大戰期間，英美為了使蘇聯加入對日參戰，在秘密簽訂的條約中作為報酬的庫頁島、千島列島，直至目前都還是俄羅斯的有效領土。（圖24）

這些土地的歸屬問題，不管是在蘇聯或俄羅斯時代，都一直是個懸案。尤其是千島列島的返還問題，也就是北方領土（一般稱北方四島或南千島群島）的議題，日本仍不斷提出交涉，但要完全解決此難題恐怕還是遙遙無期。

話雖如此，**俄羅斯並非是因為南下政策才對北方領土如此執著**。說白一點，即使俄羅斯擁有鄂霍次克海上零星的北方領土控制權，也稱不上是南方領土。對俄羅斯來說，這塊土地價值應該不是太大。

圖24　北方領土

那讓俄羅斯趕快返還土地不就好了？

會這樣想的讀者應該也不少。但俄方如果如此簡單地歸還，那麼無異是將其他領土議題也一併端上檯面。

與其說俄羅斯是因為北方領土很重要所以死守著，還不如說若返還給日本，那麼其他領土議題也會浮上檯面，因此俄方才如此執著於北方領土的問題。

蘇聯解體與克里米亞危機

——俄羅斯今後的發展走向？

二次世界大戰後，戰敗的德國被美、英、法、蘇四國瓜分，但隨著東西意識形態對立色彩越發濃厚，德國的東西分裂也就變得不可避免。

一九四九年，德國東半部成立德意志民主共和國（東德），西半部則成立德意志聯邦共和國（西德）。一九六一年，東德築起「柏林圍牆」明確劃分東西德範圍。此後，東西德處於沒有實彈交戰的「冷戰最前線」，而東德、捷克斯洛伐克、匈牙利、羅馬尼亞、保加利亞的邊境則被稱為「鐵幕」（圖25）。

而最後，終結冷戰的關鍵也還是德國。

蘇聯方面，從一九八五年戈巴契夫擔任共產黨總書記期間，一九八六年開始實行改革重建政策（Perestroika），在俄語中有重建之意。在改革的同時，也使情報公

圖25　冷戰時期，鐵幕的東西兩方

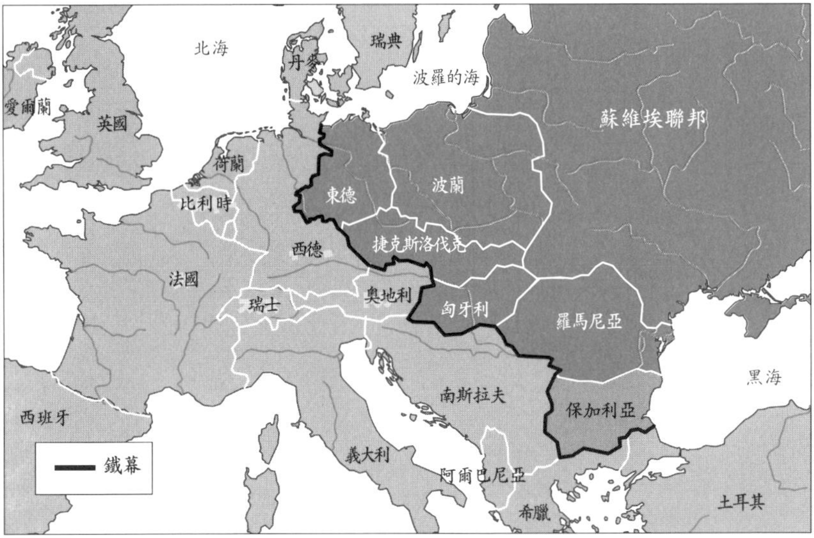

開透明，因此新聞報導也變得較為自由多元。此外，也不再實施一黨獨裁制，而是導入總統制，由戈巴契夫擔任總統。

由於蘇聯國內的政治體制變化，東歐各國也開始興起民主化運動，最後終於導致一九八九年柏林圍牆倒塌。一九九一年蘇聯解體，冷戰時代宣布終結。

改革重建，是基於一黨獨裁超過六十年，為了改善社會停滯所推行的政策。而實際的內容，卻是民主改革，因此蘇聯這個一黨獨裁的聯邦國家，當然只會招致瓦解。蘇聯底下十五個共和國家成員，也各自獨立建國。

最後，除了俄羅斯和舊蘇聯周邊的衛星國家（仰賴蘇聯生存的國家），其他共和國全部都陸續加入了北大西洋公約組織（NATO）以及歐盟（EU）。（圖26）

蘇聯解體之前，為對抗北大西洋公約組織，成立了華沙公約組織，加入的歐洲國家包含：保加利亞、羅馬尼亞、東德、匈牙利、波蘭、捷克斯洛伐克，和阿爾巴尼亞。

而蘇聯瓦解後，東德與西德統一，捷克斯洛伐克分為捷克以及斯洛伐克兩國，最後，這些國家全部都加入了北大西洋公約組織。除了阿爾巴尼亞之外，**東歐各國全都成為了西歐各國的一分子**。

蘇聯解體使得東西冷戰結束，亦代表著社會主義的意識形態也以失敗告終，因此原本附屬於蘇聯底下的東歐各國，不論在軍事或經濟上，也全都成為西歐的夥伴。

如果從俄羅斯的角度來看，曾經的盟友都跳槽西側。而過去在東德、捷克斯洛伐

圖 26-1 歐盟、北大西洋公約組織的加盟國與未加盟國

■ = 加入歐盟和北大西洋公約組織的國家

■ = 僅加入歐盟的國家

■ = 僅加入北大西洋公約組織的國家

圖26-2 各國加入歐盟、北大西洋公約組織的日期

	加盟北約組織之年月	加盟歐盟年月
美國	1949.8	
加拿大	1949.8	
冰島	1949.8	
挪威	1949.8	
土耳其	1952.2	
阿爾巴尼亞	2009.4	
義大利	1949.8	1958.1
荷蘭	1949.8	1958.1
法國	1949.8	1958.1
比利時	1949.8	1958.1
盧森堡	1949.8	1958.1
英國	1949.8	1973.1
丹麥	1949.8	1973.1
葡萄牙	1949.8	1986.1
希臘	1952.2	1981.1
德國	1955.5	1958.1
西班牙	1982.5	1986.1
捷克	1999.3	2004.5
匈牙利	1999.3	2004.5
波蘭	1999.3	2004.5
愛沙尼亞	2004.3	2004.5
斯洛伐克	2004.3	2004.5
斯洛維尼亞	2004.3	2004.5
拉脫維亞	2004.3	2004.5
立陶宛	2004.3	2004.5
保加利亞	2004.3	2007.1
羅馬尼亞	2004.3	2007.1
克羅埃西亞	2009.4	2013.7
愛爾蘭		1973.1
奧地利		1995.1
芬蘭		1995.1
瑞典		1995.1
賽普勒斯		2004.5
馬爾他		2004.5

克、匈牙利、保加利亞、羅馬尼亞等國邊境線，被稱為「**鐵幕**」的界限都漸消彌，即代表俄羅斯的影響力已經大不如前。

但如果就這樣任其自由發展，搞不好西歐的勢力會在某天長驅直入俄羅斯。

二〇一四年的克里米亞危機，從根本上來看就是俄羅斯的危機意識問題。

對俄羅斯來說，烏克蘭扮演一個重要的緩衝角色，能夠抑制西歐的影響。因此，俄羅斯經常關注烏克蘭的政治發展，若烏克蘭的執政黨是親歐派，那麼俄方就支持在野黨監督；若親俄政黨上台的話，則支援執政黨。

烏克蘭在蘇聯瓦解的時候，也是這樣在獨立建國與親俄之間搖擺不定。

在俄帝國時代時，受到禁止使用烏克蘭語等限制，一路走來十分艱辛的烏克蘭，能從俄羅斯分割出來而獨立建國，是多麼喜悅的成功。

然而，現今烏克蘭境內主要語言還是使用俄語，且國內產業更是依附著俄羅斯，這是多麼複雜又殘酷的事實。在這些背景下，想消除俄羅斯在烏克蘭境內的勢力談何容易。

二〇一四年二月，烏克蘭親俄勢力倒台，建立了親西歐的臨時政權。

俄羅斯當然不可能就這樣靜觀其變，如果臨時政權就這樣一鼓作氣地成為正式政權，那麼有可能就會直接倒戈加入北約組織或是歐盟。話雖如此，北約組織或歐盟也不是這麼容易就可以隨意參加。就像現在的土耳其，即使已經加入了北約組織，但卻在申請加入歐盟時被拒絕了。

只不過如果現在烏克蘭表明要加盟北約組織或是歐盟，恐怕西歐各國以及美國會馬上舉雙手贊成。因為這能夠立即削弱俄羅斯的勢力，俄羅斯也是明白這點的重要性，因此才會將烏克蘭當作是能夠抵制西歐勢力的最後手段。

但烏克蘭的親歐政權已大致底定，因此俄羅斯採取了最終手段，兼併克里米亞。

也就是說**如果親歐政權持續，烏克蘭加入歐盟，至少還有克里米亞可以抵擋西歐影響力，當成最終的緩衝國**。

俄羅斯透過民主手段，由公民投票決定兼併克里米亞，但仍受到歐美各國大肆撻伐。身為局外人，大概會疑惑強盛如俄羅斯為什麼要吞併克里米亞這個小島，即使被排擠也在所不惜，對併吞克里米亞勢在必行。

對克里米亞而言，俄羅斯民族的公民居多，而且目前租借給俄羅斯的軍港（塞瓦斯托波爾），要到二〇四五年合約才到期。此外，戰後到一九五四年之前，克里米亞的歷史背景都還是歸屬於俄羅斯。

如此微小的一個半島，卻被冷戰時期所構成的風暴包圍，至今仍舊無法擺脫。

俄羅斯在克里米亞攻防戰後，又將做何打算呢？帝國時代所抱持的擴張野心，應該已經不復存在了。只不過西歐的影響不斷地敲擊俄羅斯的大門，一旦防線崩解，則經濟政治都會有非常大的變革，對此實在不可不防。

克里米亞危機就是俄羅斯對西歐做出防備的最佳例子。

在筆者寫這本書的歷程中，俄羅斯的動向又有了最新發展。

二〇一〇年發生在突尼西亞的茉莉花革命，被稱作「阿拉伯之春」的民主運動也藉此擴大規模。如果獨裁政權對反對示威鎮壓不當，最終將有可能爆發內戰。其中還有因難民問題震驚國際社會的敘利亞，俄羅斯總統普亭表態支持敘國總統阿塞德，必要時甚至可以派軍參戰。但美方馬上就對俄羅斯進行勸說，表示如果俄羅斯出兵敘利亞，會使內戰情況變得更加惡化。

之前也有提到，俄羅斯於蘇聯時期曾從阿富汗撤退，至今仍耿耿於懷。因此這次又想藉機再度深入中東，以擴大其影響力，也並不是不可能。

第4章

反覆對立衝突，最終建立「共同體」的歐洲

從歐洲看世界

—戰後團結一致，與「歐洲以外的世界」對峙

歐洲，簡單來說，就是經過大小不斷的對立衝突，最後體認到戰爭的不可逆性，而現在正嘗試團結對外的一個地區。

由法國大革命開啓的拿破崙戰爭，是一場席捲歐洲，甚至波及到俄羅斯的史上大規模風暴。但即使拿破崙戰爭結束後，歐洲內部的戰役仍然持續不斷，不過倒是沒有發生波及全歐洲的大規模戰爭。

與此同時，歐洲各國彼此競爭，往外至亞洲和非洲開拓殖民地。以強盛的工業技術與龐大的海軍規模稱霸歐洲的英國，在此時帶領歐洲開啓了「大不列顛的日不落帝國」時代。

然而，隨著英法迅速對外拓展殖民地的同時，德國不滿情緒漸起。而當時被稱為「歐洲憲兵」的俄羅斯，正值國內革命意識高漲，加上社會狀況不穩定，整個歐洲局勢動盪不安，煙硝味越來越重，第一次世界大戰的暴風雨即將來臨。

第一次世界大戰的爆發，在各方面都種下了深遠的禍根。其一為英國的「三環外交政策」，與俄羅斯、法國、阿拉伯人、猶太人一齊簽訂瓜分中東的密約，是中東問題的根源；其二是對戰敗的德國要求鉅額賠款。**德國在第一次世界大戰以敗北收場，也為此背負龐大賠款金額的債務，承受巨大壓力和屈辱的德國，最終建立了法西斯主義的納粹政黨，希特勒也由此崛起。**

在一次世界大戰結束的二十年後，又再度爆發了一場世界大戰。第二次世界大戰最終為德、日、義三國戰敗完結，至此之後，沒有再發生任何世界大戰了。

如果先前提到過的「民主和平論」論點屬實，那麼在現今的民主制度尚未完全崩解之前，應該不會再發生世界大戰了。

拿破崙戰爭和兩次世界大戰都是由歐洲點燃戰火，那麼各國應該已經對戰爭的後果有共同認知。

此外，由於俄羅斯成立了社會共產主義的蘇維埃聯邦，因此歐洲迫切地組織起對蘇聯的防衛網，以防止共產主義繼續擴散。

在這樣的背景下，成立了包含美國在內的北大西洋公約組織（NATO），和西歐各國所加盟的「歐洲聯盟」，屬於民主、資本主義國家間，在軍事、經濟兩方面共同聯合抵抗蘇聯的組織。

冷戰結束後，俄羅斯依舊維持社會共產主義，仍然被歐洲其他國家孤立著。而在蘇聯解體後，受蘇聯影響的東歐各國也紛紛獨立，各自加入北約組織或歐盟。對西歐各國而言，這無異是成功防堵了俄羅斯擴大勢力範圍。

昔日互相競爭、不斷產生衝突的歐洲各國，好不容易才演變成今日團結一體的現象。

接著，讓我們來瞭解一下，讓歐洲飽受戰火摧殘的兩次世界大戰的歷史吧！

〈歐洲在1912～1945年的主要戰爭史〉

1912年　第一次巴爾幹戰爭
巴爾幹同盟國與鄂圖曼帝國間的戰役。
第147頁

1913年　第二次巴爾幹戰爭
為了爭奪第一次巴爾幹戰爭中，鄂圖曼帝國割讓的馬其頓地區，再次引發同盟國內「保加利亞對抗塞爾維亞和希臘」的紛爭，最後保加利亞戰敗。
第147頁

1914年　塞拉耶佛事件
奧匈帝國皇儲斐迪南夫婦在塞拉耶佛遭暗殺，為第一次世界大戰的導火線。
第151頁

1914年　第一次世界大戰
塞拉耶佛事件發生後僅一週，參戰各國已各自表態並分別加入協約國與同盟國。歐洲自拿破崙以來沒有發生大規模戰爭，但這次除了歐洲外，還將其他國家也捲入其中。
第146頁

1929年　經濟大恐慌
美國華爾街股市大崩盤為導火線。資本主義國家為保護本國產業，擅自導入「進口限制」、「提高關稅」、「貿易圈經濟」等措施。
第161頁

1939年　第二次世界大戰
主要以「德、義、日」的軸心國，對抗同盟國的「英、法、美、蘇、中」等國。最後由同盟國取得勝利。
第160頁

第一次世界大戰

─帝國主義間相互競爭所導致的世界之戰

人類史上第一次全世界性的戰爭，便是由於帝國主義的擴張野心所導致的結果。西歐列強中擁有壓倒性生產技術和海軍艦隊的英國，在十九世紀後半時稱霸整個歐洲。（參照第二五頁圖1　大不列顛帝國）

德國的殖民地政策明顯落後英國許多，因此在企圖逆轉局勢的情況下，便與英國形成對立。德國擴張勢力的代表政策即是3B政策。一九〇三年德國從鄂圖曼土耳其帝國獲得了鐵道建設權，利用此權利建立起柏林（Berlin）、巴格達（Baghdad）、拜占庭（Byzantium，今伊斯坦堡）三地的鐵路網。

另一方面，英國對德國的3B政策，也提出了3C政策因應，欲建立加爾各答（舊名Calcutta）、開羅（Cairo）、開普敦（Capetown）三地的鐵道計畫。

由於俄羅斯也覬覦鄂圖曼土耳其帝國的領土，歐洲列強們不約而同地對此抱持反感態度。

總結以上問題，列強都擁有同樣的企圖，因此巴爾幹半島問題就越發複雜化，終將歐洲化分為二，形成對立局面。

「歐洲的火藥庫」—第一次、第二次巴爾幹戰爭

關於巴爾幹的問題，概括說明如下：在擁有不同族群的巴爾幹半島上，俄羅斯所推廣的「泛斯拉夫主義」，與奧匈帝國代表的「泛日耳曼主義」相互對立，各自都想擴大自身的勢力範圍。

一九〇八年，欲推翻鄂圖曼帝國制度的青年黨起義（土耳其革命），受到德國支援的奧匈帝國趁情勢混亂之際，將有斯拉夫人居住的波士尼亞與赫塞哥維納合併。與之抗衡的俄羅斯在一九一二年，支持塞爾維亞（於一八七八年脫離鄂圖曼帝國獨立）與蒙特內哥羅（即使遭鄂圖曼帝國壓迫，卻仍舊保持獨立狀態，一八七八年終於被正式承認其王國獨立權）、保加利亞（土耳其革命後脫離鄂圖曼帝國獨立）、

希臘（一八三〇年脫離鄂圖曼帝國獨立）結成巴爾幹同盟。

這四國都如同括弧內所敘述的，曾經受鄂圖曼帝國控制與壓迫，在俄土戰爭後根據柏林條約（一八七八年）等而各自獨立。

昔日擁有廣大領土的鄂圖曼土耳其，雖然是伊斯蘭教治國，但對領土內的基督教以及猶太教等眾多宗教採取寬鬆政策，不以迫害統治而是期望和平共存。這些宗教團體通稱為米利特，各自擁有自治權。

但到了十九世紀後，由於俄羅斯的介入使得鄂圖曼帝國國力逐漸衰弱，領土內的情況也漸漸變得混亂，此時就浮現出許多東方土地的問題（如巴爾幹半島等），在俄土戰爭後，藉由一八七八年的柏林條約而得到暫時的調解。

此外，到了二十世紀初，巴爾幹半島的各民族掀起了一陣獨立熱潮，對於領土擴張的野心也突然攀升，大國主義思想也隨之介入。

也就是說，**企圖擴張南下的俄國打著泛斯拉夫主義，與奧匈帝國的泛日耳曼主義形成互相拉鋸勢力範圍的現象**。

圖27 第一次世界大戰前，巴爾幹半島的混亂局面

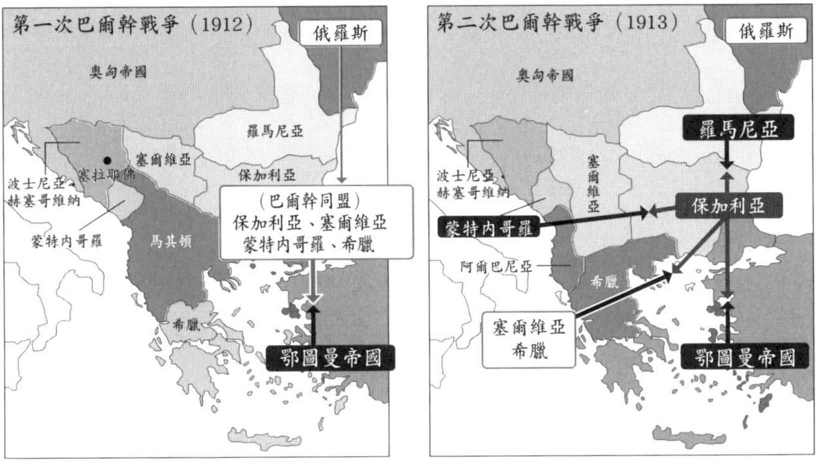

就這樣巴爾幹半島成了「歐洲的火藥庫」，成了紛爭不斷的戰爭區。

有德國為後援的奧匈帝國合併境內的波士尼亞、赫塞哥維納，並與俄國支持的巴爾幹同盟形成對立，巴爾幹半島的情勢一觸即發。

一九一二年，巴爾幹同盟與鄂圖曼帝國之間爆發了第一次巴爾幹戰爭（圖27）。巴爾幹同盟因打敗鄂圖曼帝國而獲得馬其頓統治權（位於馬其頓西側的阿爾巴尼亞則趁勢獨立），但卻因為統治權分配問題，於一九一三年，保加利亞與塞爾維亞、希臘再起衝突。

第二次巴爾幹戰爭由於鄂圖曼、蒙特內哥羅、羅馬尼亞也加入塞爾維亞與希臘的緣故，同年保加利亞以敗北收場結束戰爭。保加利亞也因此開始向奧匈帝國、德國靠攏。就像這樣，**第一次、第二次巴爾幹戰爭即是一開始結盟共同對抗鄂圖曼帝國後，隨即內鬨相互對立產生衝突的戰役，不僅突顯出巴爾幹半島的危險性，最終甚至成為了第一次世界大戰的導火線。**

歐洲一分為二，終於開戰

如前所述，西歐在英國「一國獨贏」的狀態下，德國企圖想要與之對抗，以此為基礎，開始分裂成兩大陣營。

英、法、俄原先為三國協商的友好關係，再加上法國與德國一直以來有著亞爾薩斯－洛林地區的主權爭議問題；而俄國如先前所述，致力於巴爾幹半島上的泛斯拉夫主義推廣，因此一直以來與德國為其後盾的奧匈帝國所主張的泛日耳曼主義相互對立。

另一方面，同樣為日耳曼民族的奧匈帝國加入了德國陣營，此外還有在第二次巴爾幹戰爭中戰敗的保加利亞。於是**以英、法、俄為主的陣營（協約國）**，以及德、

圖28 協約國與同盟國

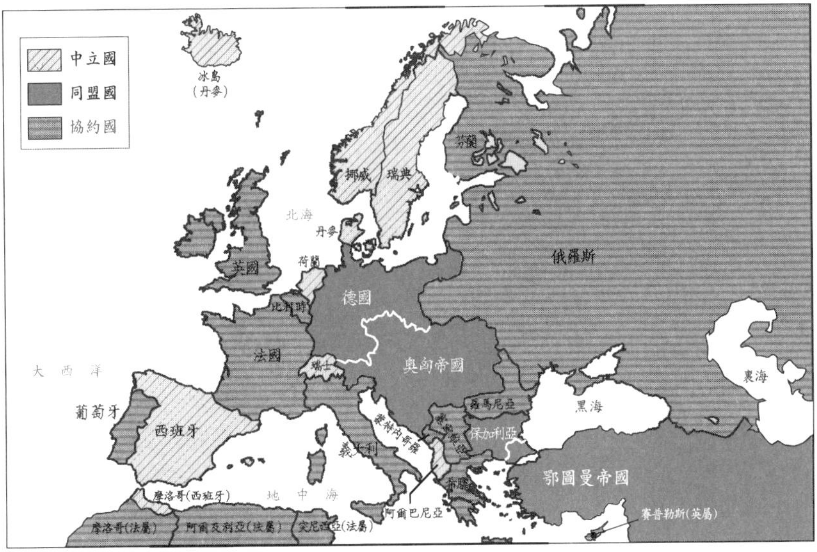

奧匈帝國為主的同盟國就此形成。（圖28）

巴爾幹半島就在各種民族主義和強勢的帝國主義錯綜複雜的背景影響下，將歐洲一分為二。

之前略提到第一次世界大戰的導火線，為塞拉耶佛事件。對塞爾維亞而言，一九○八年被奧匈帝國合併的波士尼亞與赫塞哥維納的事件，是壓死駱駝的最後一根稻草。加上塞爾維亞國內逐漸高漲的反奧意識為背景，造成一九一四年六月，奧國皇儲夫婦訪問塞拉耶佛時，被塞爾維亞的青年暗殺。

奧匈帝國在這之後得到德國的支持，向塞爾維亞宣戰；接著，德國也宣布對巴爾幹半島的奧國戰線發布總動員，非常迅速地連法國也一同宣戰。

就這樣，歐洲列強在短短的一週內，就分裂成協約國與同盟國，並開始作戰。這是繼拿破崙戰爭以來，睽違約一百年的歐洲全體動員，甚至波及世界其他國家的一場大規模戰爭。

與英國結成英日同盟的日本，也藉此開始攻擊德國在中國的租界地，原本採取孤立主義的美國企圖維持中立，但在國內的輿論刺激下，也加入協約國一齊作戰。

戰爭之初，同盟軍極具優勢，但由於歐洲以外的國家開始介入，因此漸漸地展現疲態，居於劣勢，最後只能投降結束戰事。

凡爾賽條約埋下禍根

一九一九年簽訂的凡爾賽條約，內容還包含其他幾項條約，主要是為了重建一次世界大戰後的秩序，而開始了凡爾賽體制。

第一，奧匈帝國瓦解。（圖29）

除了奧匈帝國分裂外，在巴爾幹戰爭中與塞爾維亞合併的羅馬尼亞，以及十八世紀末被瓜分而滅國的波蘭，也在此時復國，獲得奧匈帝國邊境附近的領土。此外，

圖29 奧匈帝國瓦解

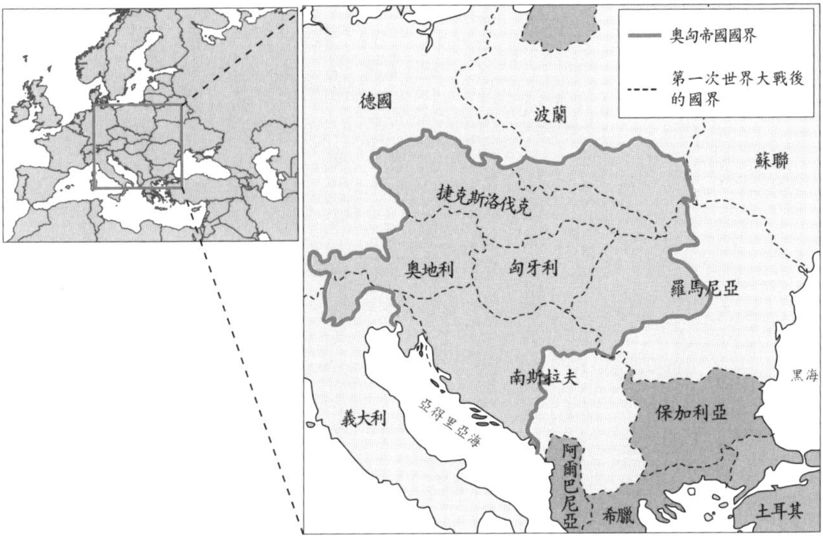

舊帝國領土內的捷克人和斯洛伐克人也獨立建國，建立了捷克斯洛伐克共和國。

而從奧匈帝國脫離的克羅埃西亞與斯洛維尼亞人則與蒙特內哥羅、塞爾維亞合併，建立了南斯拉夫。

比較十九世紀中、後期的地圖就可清楚看出，第一次世界大戰後德國的勢力明顯衰退，而奧匈帝國、鄂圖曼帝國、沙俄帝國則崩解，從巴爾幹半島至東歐這一段地區則多出了許多獨立國家。

雖說各國獨立好像是因應各民族的要求，看似很好心的英、法兩國其實並非出於善意。英法兩國在與蘇聯間建立幾個小國，主要目的為封鎖共產

革命的影響，換句話說，就是類似防禦城牆的概念。

而德國不僅戰後欠下龐大巨額賠款，還必須歸還亞爾薩斯—洛林地區給法國，並喪失海外全部的殖民地，甚至軍備方面也受到大幅限制。這些都是英法兩國「嚴懲德國」的要求，因此對德國的條約內容非常嚴格。

此外還有另一個帝國，就是以同盟國身分參戰的鄂圖曼帝國，也在戰後瓦解，導致了日後的中東問題。要詳細說明這些經過，就必須得回到第一次世界大戰中，英國的多重外交政策來解釋才行。

一九一五年，英國與鄂圖曼內阿拉伯部族簽訂胡笙—麥克馬洪通訊，雙方約定「如果阿拉伯部族協助戰勝鄂圖曼土耳其帝國，則勝利之際就可以獨立並獲得自己的領土」，讓阿拉伯人自願加入英國陣營協助作戰。但這些內容全都是子虛烏有，在之後英、法、俄三國所簽訂的協定中，就可發現其矛盾之處。

一九一六年，英、法、俄三國秘密簽訂了賽克斯—皮科協議，企圖瓜分鄂圖曼土耳其帝國的領土外，還將巴勒斯坦交由國際組織共管。

這與之前提過的阿拉伯人可以獨立建國的胡笙—麥克馬洪通訊內容，明顯地背道而馳。到了一九一七年，英國發表了貝爾福宣言，承認猶太人在巴勒斯坦建立獨立國家，就如同先前也承諾過阿拉伯人可獨立建國一樣，英國也想從猶太人手中得到好處。

就這樣英國為了利於戰爭進行，不斷地向各方利害關係者交換條件，以獲取自身的利益，這稱為「三環外交」，也是中東問題禍延至今的根源所在。

第一世界大戰後，列強依據一九二〇年所簽訂的色佛爾條約瓜分鄂圖曼帝國。這無疑是相當苛刻的條約，企圖奪取鄂圖曼領土以及其主權，因此鄂圖曼帝國內部也掀起非常激烈的反對運動風潮，革命軍甚至擊敗了即將進駐的希臘軍隊（土耳其獨立戰爭）。此外，也一併推翻了簽訂色佛爾條約的鄂圖曼帝制，於一九二三年與協約國間簽訂洛桑條約，恢復領土與主權，建立了土耳其共和國。

同樣參與瓜分鄂圖曼帝國，簽訂賽克斯—皮科協議的俄國，由於戰爭期間國內革命熱潮四起，單獨與德國簽訂談和條約。

俄國於巴爾幹半島的勢力穩定擴張後，原本想藉由瓜分鄂圖曼帝國以獲得黑海方面的南下控制權，卻又因國內革命，使其不堪負荷，喪失良機。

俄國由於中途退出戰爭，就由英法兩國共同瓜分、統治鄂圖曼帝國的領土。

然而，這又衍生出一個中東問題，也就是庫德族的問題。

英法兩國任意決定兩國的託管地，衍生出庫德族分散居住於伊拉克、敘利亞、伊朗等地，並分別受土耳其、英國、法國統治，造成庫德族的生活範圍被任意切割。

事實上，在最初的色佛爾條約中，允諾庫德族有獨立的自治權，但在洛桑條約恢復了土耳其共和國領土主權後，又將庫德族的自治權撤銷。

沒有自己國家的庫德族人，雖然在各國都被視為少數民族，但全球總計推測也超過三千萬人。可是他們的主權獨立問題，從第一次世界大戰至今，仍然是中東最大的問題之一。

另一個因第一次世界大戰而成為中東問題的就是，巴勒斯坦。

現在的巴勒斯坦包含約旦在內，在第一次世界大戰後，為英屬託管地，基於貝爾福宣言，猶太人居住於此。即使當時的巴勒斯坦已有阿拉伯人居住，他們比起移民過來的猶太人來得安定，也希望能夠以和平的方式共同生活，但隨著遷移至此的猶太人越來越多的情況下，不可避免地發生爭奪土地的衝突事件，於是巴勒斯坦人與猶太人的對立也就日漸擴大。然而，負責託管的英國卻無法控制、解決這個難題。

最後，英國甚至在第二次世界大戰後，將這個燙手山芋直接丟給了聯合國，放棄統治此區，使得巴勒斯坦問題變得更加複雜，至今仍然無解。

簡單來說，即使都是伊斯蘭教徒，但內部組織其實相當複雜，其歸屬意識與其說是認同國家，倒不如說是以部族為依歸。如同先前提過的庫德族就是其中的例子，同部族卻不一定生活在同一個國家內。

再加上伊斯蘭教內還分為遜尼派和什葉派兩大教派，占較大多數的遜尼派與稍少數的什葉派互相對立的情形，歷史上由來已久。

除了教派之外，還可以再分成土耳其主義、阿拉伯民族主義、波斯主義等，各民族都還有各自的民族意識。不論哪一個教派或民族，最終概念就是以伊斯蘭教的社群，也就是「烏瑪（本意為民族，引申為社群）」為穆斯林的共同依歸。

但就像伊朗與伊拉克之間的戰爭，即使同為伊斯蘭教國家，卻也難免因長久以來的對立，在遜尼派與什葉派之間發生衝突。

第一次世界大戰後，戰勝國完全忽視此區域內錯綜複雜的背景，就恣意瓜分、決定勢力範圍，**只因列強們想要更多的領土，竟將阿拉伯世界的民族、宗教、歸屬意識等玩弄於股掌之間。此後，中東問題甚至可說是凌駕巴爾幹半島，成為二十一世紀危險度最高的「火藥庫」**。

眼下最大的問題，即為伊斯蘭恐怖組織「伊斯蘭國」（IS）。

筆者寫這本書遇到瓶頸時，巴黎正巧發生恐怖攻擊事件，造成近一百五十名民眾罹難。伊斯蘭國甚至馬上發出犯案聲明，而法國空軍也展開了一連串的空襲報復攻擊行動。恐怖攻擊事件發生日期是十一月十三日，正是一九一八年英法軍隊占領鄂圖曼帝國的伊斯坦堡之日。對伊斯蘭國來說，打著聖戰之名，作為對基督教徒昔日侵略伊斯蘭教的復仇與洗刷恥辱的戰爭行動，可說是再適合不過了。

攻擊事件的主謀是擁有歐洲國籍的伊斯蘭國成員。過去戰爭造成的歐洲移民社會歷史，其黑暗面及斷層由此可見一斑。到二〇一五年為止，IS已經在歐洲倫敦與馬德里展開對一般市民的恐怖攻擊事件。

當然在中東地區，比這規模還大、數量更多的恐怖攻擊，更是像家常便飯似地不斷發生。已經生根的憎恨，就像連鎖反應般引爆，至今仍不停歇。對於那些遭受恐怖攻擊而喪生的罹難者，我們只能致上最誠摯的哀悼。

回歸正題，從地緣政治的角度來看，一九一六年歐洲列強無視阿拉伯世界的民族背景，簽訂賽克斯—皮科協議，恣意瓜分其領土，之後也無法解決自己造成的紛爭根本問題，而這些後果至今仍然以不同形式存在於不同的問題上。

美國為了伊拉克的民主化而推翻海珊政權，而其舊部則成為伊斯蘭國領導階級，這些歷史的結果餘波蕩漾，與這次的巴黎恐怖攻擊事件，都可說是由歷史堆砌而成的一大悲劇。

第二次世界大戰

──戰爭的前車之鑑，踏出了結盟共同體的第一步

第一次世界大戰結束後，世界看似平靜也恢復了新的秩序，但好景不常，這次戰爭在歐洲留下的弊端，不僅是戰敗國，在戰勝國之間也因造成重大犧牲的凡爾賽體制，產生了不少嫌隙。

義大利與法國同屬戰勝國，但戰後經濟持續低迷，國內不滿的聲浪逐漸升高，政治社會情況十分不穩定。

一九二二年，由法西斯黨的墨索里尼擔任義大利首相。義大利國內對於身為戰勝國的一員，卻不如其他國家得到相對的領土，不滿情緒逐漸高漲。墨索里尼抓住民眾心理，趁機建立了法西斯黨。

一戰後，東歐與巴爾幹半島上諸國紛紛獨立建國，卻因為國家政治、經濟發展較

不成熟，社會整體也呈現不穩的狀態。再加上，眾多、複雜的民族分布也未必能與邊境線一致分明，這又產生了新的種族問題，各國境內的紛爭接連不斷。

而戰敗的德國，因必須賠償巨額賠款感到沈重不堪，但幸好美國支援歐洲而獲得復興基金，因此能重整戰後經濟；接著提升出口量，外匯上也有所進帳，開始一邊支付賠償金、一邊重振復興之路。

就這樣在凡爾賽體制下，歐洲各國都稱不上是國泰民安；另一方面，與歐洲隔海遙望的美國卻大相逕庭，由於沒有經歷第一次世界大戰的戰火洗禮，從戰爭中期到戰後，經濟突飛猛進。

「經濟大恐慌」的連鎖反應

一九二九年，紐約華爾街股市崩盤，引起一連串的連鎖反應，開啓了經濟大恐慌的序幕。雖然全世界都難免受到波及，但對還要賠償鉅款的德國來說感受更深刻。

資本主義國家為了保護本國經濟，採取進口限制、關稅壁壘、區域貿易等手段。經濟被過度操控的形況下，經濟基礎相對不好的國家，或是得仰賴出口的國家，馬上就因為各國間的貿易保護政策而陷入經濟困局。

出口量被限制而無法大量出口的德國更是首當其衝，無力支付賠款。德國在一九三二年的失業人數高達六百二十萬人，導致社會動盪不安、人心惶惶，在此狀況下以希特勒為首的納粹黨與共產黨迅速安定民心。**納粹黨提出凡爾賽條約對德國的懲罰並不合理，要求廢棄條約。同時，打壓猶太人，宣揚泛日耳曼民族主義，以反共產黨為口號，短時間內共產黨就退出政權，納粹蓬勃茁壯，成為德國一黨獨裁政黨。**

這無疑是讓能說善辯並極具領導能力的希特勒，有了大展身手之處。

第一次世界大戰後，名義與實質上都傷痕累累的德國人，迅速被希特勒所率領的納粹黨所蠱惑。希特勒以極權主義進行國內整頓，大規模推動公共事業建設，使失業人口急速減少。接著，無視凡爾賽條約的限制，重新整頓擴張軍備編制，在一九三八年，開始對鄰國進行侵略行動。

一九三八年併吞奧地利後，再將捷克斯洛伐克的蘇台德區也納入版圖，接著在一九三九年把捷克劃為德國的領土範圍，斯洛伐克則為屬國，並要求立陶宛割讓克萊佩達，甚至向波蘭要求更多的領土，以擴大德國版圖。

英法兩國對於德國針對捷克斯洛伐克的要求都應允，唯獨波蘭方面不能允諾。為了援助波蘭並對抗德國，英法兩國不得已只得向蘇聯提出結盟的要求，但兩國在此之前任德國予取予求，導致蘇聯無法信任英法的情況之下，反而開始走親德路線。就這樣原本處於對立局面的兩國簽訂了德蘇互不侵犯條約。

由於德蘇互不侵犯條約的簽訂，東歐方面暫時解除威脅，德國就趁此時機進攻波蘭。英法兩國眼見已經無法秘密支援波蘭，只好公開立場，向德國宣戰，歐洲又再次進入全面備戰狀態。

歐洲在第二次世界大戰時的歷程

第二次世界大戰，是以德國、義大利、日本為首的軸心國對抗英國、法國、美國與蘇聯、中國為主的同盟國之戰役。

在一九四一年十二月日本對美國宣戰之前，主要戰場都還是在歐洲，接下來看看其歷程。

一九三九年開戰後，德國採取一貫地快攻政策。登陸斯堪地那維亞半島偷襲丹麥和挪威後，在西線戰區強行攻擊中立國荷蘭與比利時，最後攻入法國。

但此時勢如破竹的德國卻突然陷入苦戰，這是因為英國頑強抵禦德國空軍轟炸的持久戰策略，成功阻擋德國軍隊登陸。

在英國戰線受到阻礙的德國，又再度將目標轉移至東歐、巴爾幹半島。德國在保加利亞、匈牙利、羅馬尼亞等國陸續加入軸心國後，也占領了南斯拉夫與希臘。

原本在西線戰區作戰的德國，即使與蘇聯簽訂了蘇德互不侵犯條約，仍然覬覦著東線。最後德國單方違反條約，於一九四一年六月進攻蘇聯。

而另一方面，想盡快阻止德國進攻的英美兩國聯手支援蘇聯，德國也因北方的嚴苛氣候使得作戰受阻，最後在一九四三年初，狼狽地退出蘇聯。

此外，義大利國內反法西斯運動高漲，英美聯軍趁機進攻，順利推翻墨索里尼政權，義大利無條件投降。接著，同盟軍將目標朝向被德國占領的法國，一九四四年六月於諾曼第登陸進行反攻。德國統治的各地也開始掀起反抗運動，德國的勢力逐漸削弱。

德國的東西戰線分別受到蘇聯以及英美聯軍夾擊，最後希特勒自殺，繼義大利之後，德國也在一九四五年五月無條件投降。

第二章有提到第二次世界大戰後，德國被英、美、法、蘇四國共同占領，又因為英、美、法三國與蘇聯的意識形態差異太大，雙方形成對立，於一九四九年切分成東西德。

此後，以核子開發作為軍事競爭的美、蘇兩國造成「冷戰」局面，夾在兩者間的歐洲當然也無法獨善其身，深受影響。

北大西洋公約組織與歐盟的建立

─西歐國家從軍事與經濟層面封鎖蘇聯

北大西洋公約組織（NATO）是西歐各國因應共產主義持續在亞洲擴張，以及將世界規模制式化的冷戰背景下，所組成的大規模軍事同盟組織，簡稱北約組織，成員包含北美的美國、加拿大，以及以英國、法國為首的西歐各國（圖30）。如遇外敵對其中一成員國進行武力侵略，則組織內的所有國家就會自動參戰、共同對抗。

北約組織就等於是個包圍網，主要目標當然就是能與蘇聯互相抗衡。

一九四八年，捷克斯洛伐克共產黨發起政變，成立共產黨政權。同年，西德進行貨幣改革，對此感到不滿的蘇聯強行封鎖柏林，東西德正式分裂。

一九四九年，美國總統杜魯門認定蘇聯成功研發出核子武器，使冷戰形勢又更加激烈化。

圖 30　北大西洋公約組織與歐盟之加盟國

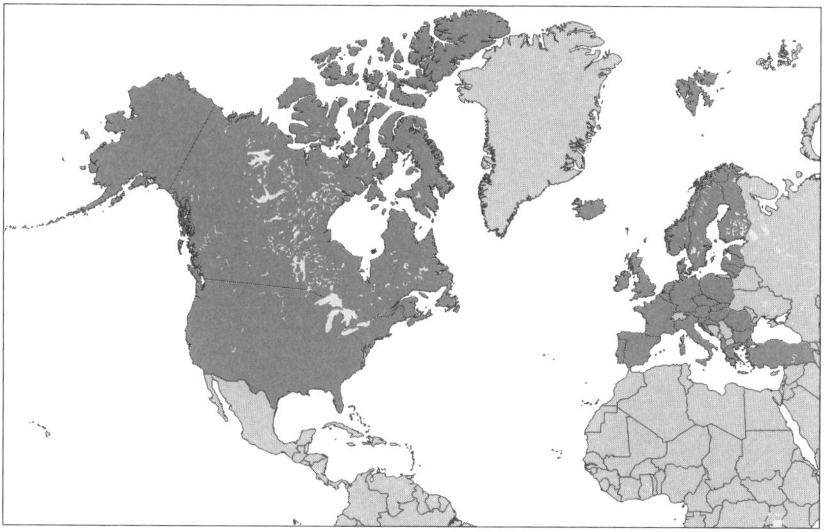

然而在此時，與蘇聯對抗的西歐各國，由於殖民時代的終結導致整體經濟也隨之萎縮，再加上又發生幾場戰役，不論在經濟還是軍事上，都呈現相當疲憊的狀態。

從一次大戰開始，到當時仍未解決柏林危機問題，西歐又面臨新的威脅。

英、法兩國認為應與美國聯手，與西歐各國組成軍事同盟共同防禦，一方面是為了強化軍事上的防禦能力，同時也可以**藉美國的強大武力作為後盾遏阻侵略，再者也可追求經濟的穩定成長**。北約組織就是在這樣的背景下成立的。

北約組織的成員國決定合作之後，緊張情勢一度升高，美國在這之中又更能發揮影響力，以及突顯存在感，提供西歐各國核子飛彈航道，以及增強各國軍備。

此外，美方也與日本簽訂美日安保條約，逐漸形成嚴密的包圍網來對抗蘇聯。

從歐洲共同體到歐盟，完成區域內的共同合作體制

同時，歐洲聯盟（EU，簡稱歐盟）也於一九九三年開始籌劃。

昔日被推翻的帝國主義在經歷了兩次世界大戰後，似乎又悄悄地潛伏回歐洲。

美國此時制定了馬歇爾計畫（協助歐洲復興經濟的政策），受到支援而重振經濟的歐洲各國，**在區域內也想藉由互相合作的概念，來獲得更多經濟成長的機會**。

其後，由於法國與西德間已經完成階段性的碳鋼共同體和經濟共同體，於是在一九六七年更進一步地組成歐洲共同體（EC）。

而歐洲聯盟就類似是歐洲共同體的擴大版，大幅增加加盟國的範圍編制而成的聯盟，而且還創造出全新的貨幣單位─歐元，歐盟的成員國全部改使用歐元作為流通貨幣。過去，互相攻擊侵略對方的歐洲各國，從此同舟共濟，終於要團結一體成為

全新的經濟共榮圈。

只不過歐洲聯盟並不等同於歐洲全體，僅二十八個會員國，也非所有會員國都使用歐元，如英國、丹麥就沒有加入歐元區（英國於二〇一六年六月公投決定脫歐，並於二〇二〇年一月底正式退出歐盟，預計脫歐過渡期將於同年十二月底完成）。

於是，第二次世界大戰後形成了兩大新組織——北大西洋公約組織與歐洲共同體（之後進化為歐盟），西歐建立起全新秩序，企圖以共同合作關係代替昔日的針鋒相對。只是在一九八九年柏林圍牆倒塌後，一九九一年蘇聯也跟著瓦解，冷戰時代自此宣告終結，北約組織的根本訴求不復存在，這個為圍堵蘇聯而成立的軍事組織，隨著蘇聯解體後，其組織理念也消失了。

即便如此，北約組織也沒有因此解散，而是轉換目標理念，將其存在定義昇華，以維護世界民族秩序為目的，不僅限於「北大西洋」範圍之內，如南斯拉夫內戰就是北約組織的第一個實際活動案例（雖然帶有濃烈的美國獨斷獨行色彩），北約組織的空軍襲擊塞爾維亞，以支援科索沃的獨立運動。

一次大戰後誕生了許多民族國家，南斯拉夫聯邦經過了激烈的內戰，最後分裂為五個不同的國家。理所當然地，為了擺脫俄羅斯的不悅以及可能帶來的危機，這些獨立國家紛紛表示欲加入北約組織，而北約組織也慢慢地將勢力範圍擴展到東歐。

即使冷戰結束，北約組織原來的理念也不等於就完全消失了。俄羅斯至今仍是社會主義國家，基本上與美國、西歐，以及其他北約組織成員國的價值觀和體制都不相同。因此，**北約組織內的加盟國與俄羅斯的拉鋸戰，即使在蘇聯崩解變成俄羅斯後，這些問題依然存在**。

二〇一四年的克里米亞危機，烏克蘭為了支援克里米亞而遭到俄羅斯軍事封鎖，顯示出北約組織理念的合理性及必要性。

歐盟的問題人物—為何不能排除希臘？

接下來看看近年發生的消息吧！根據報導，俄羅斯與土耳其之間已經進行一段時期的天然瓦斯管線鋪設計畫（土耳其流 Turkish Stream）；二〇一五年六月俄羅斯與希臘討論後合意簽署備忘錄，是為了使俄羅斯的天然氣能夠經由希臘輸出至歐洲的計畫。

此時正值希臘債務危機，俄羅斯在希臘極有可能脫離歐盟的敏感時刻，提出這樣的計畫，絕非只是偶然。

希臘債務危機雖說是歐盟內部的經濟課題，但實際上並非只是存在單一面向的問題。歐盟與北約組織相輔相成的，如果希臘退出歐盟，也意味著北約組織也即將失去一個地中海沿岸的軍事同盟國。也就是說，**希臘危機實際上也代表著歐洲的安全保障問題**。

對俄羅斯而言，這無疑是能夠扳回自蘇聯瓦解以來，一直受到歐美壓制的局面，好不容易獲得的天賜良機。藉此先釋出善意，接著提出天然氣鋪設計畫，一氣呵成行雲流水。

這樣的發展讓原本嚴苛看待希臘的歐盟各國，態度也轉為溫和，並想方設法不讓希臘退出。北約組織成立國之一的美國也表示，如果希臘退出歐盟的話，那麼北約組織也只能讓希臘離開，這會讓局面難以收拾，因此無論如何都應設法留住希臘才是。

二〇一五年七月，希臘公民投票的結果是接受歐盟的金融援助並緊縮財政。希臘國民雖然選擇留在歐盟，但希臘也展現出了強勢的一面。

筆者認為假使希臘在談判中不畏強權持續交涉，相信應該可以談到恢復希臘原本貨幣而不使用歐元且繼續留在歐盟。這應該是對希臘國民來說最好的結局了。

以上是根據經濟學者羅伯特．蒙代爾所提出的最適貨幣圈的理論所做出的結論。其理論認為：

① 使用同一貨幣的區域內經濟流動與本國的經濟流動趨勢相似。

② 假使本國的經濟構造變動則能夠迅速因應。

如符合上述兩樣假設，則使用同一貨幣是有利的。用此理論來驗證看看歐元的加盟國（限統計資料完整的國家）是否具合適性。

位於圖31縱向直線右側的國家，代表符合①或②其中一項條件，亦或是兩者皆符合。即使位於直線左側，只要是位於點狀斜線上方都還屬於合適範圍內。

圖31　各國使用歐元的合適性

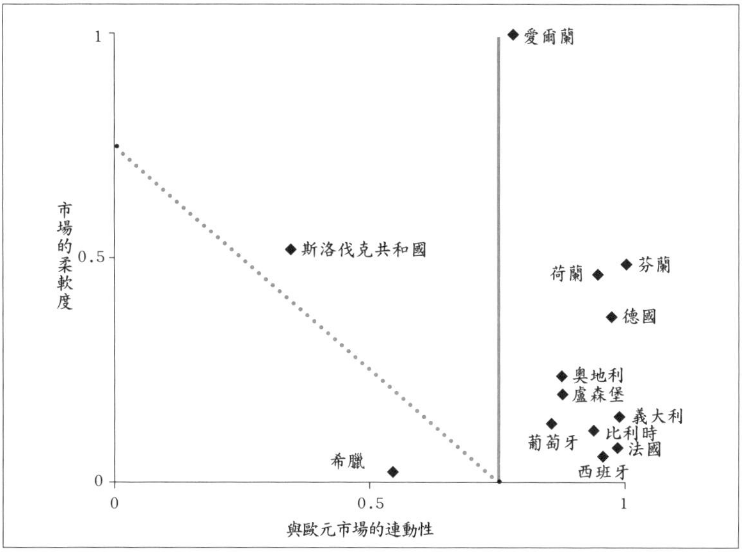

那麼希臘到底位於何處呢？

希臘的歐元市場的連動性和市場的柔軟度皆非常低，不論是縱線或是點狀斜線來看，都不在合適範圍之內；也就是說，希臘在圖表內的所有國家中，是最不適合使用歐元的國家。

如同先前所說的，不論是歐盟各國或美國，皆不希望希臘脫離歐盟和北約組織。如果此時希臘強勢地表示脫離的意願，那麼談判的條件可能就會變得更寬鬆。

因此說交涉的發球權在希臘身上一點也不誇張。

二〇〇九年舉行的希臘債務危機

（歐洲主權債務危機），使得希臘緊縮財政，結果雖然有改善財政，但失業率也持續攀升，對希臘全體國民來說是個悲劇的經濟政策，國家採取的措施反而不利國民，完全本末倒置。

而這次的希臘危機重蹈覆轍的可能性也非常高。

何況治標不治本地不先解決最基本的希臘是否適用歐元的問題，則相同的問題將來還是會不斷發生。

先不說這些，總之在希臘危機尚未解決的敏感時期，希臘與俄羅斯共同合意建設管線計畫。

雖然說，歐洲除了從俄羅斯輸入能源之外，也有其他管線是從俄羅斯來。但由於此天然氣管線先越過黑海到地中海沿岸，如果放行俄羅斯建立其路徑，那麼歐盟或北約組織各國都有直接被俄羅斯扳倒的可能，不可不嚴謹看待。

第5章

昔日的「世界警察」—「美國」

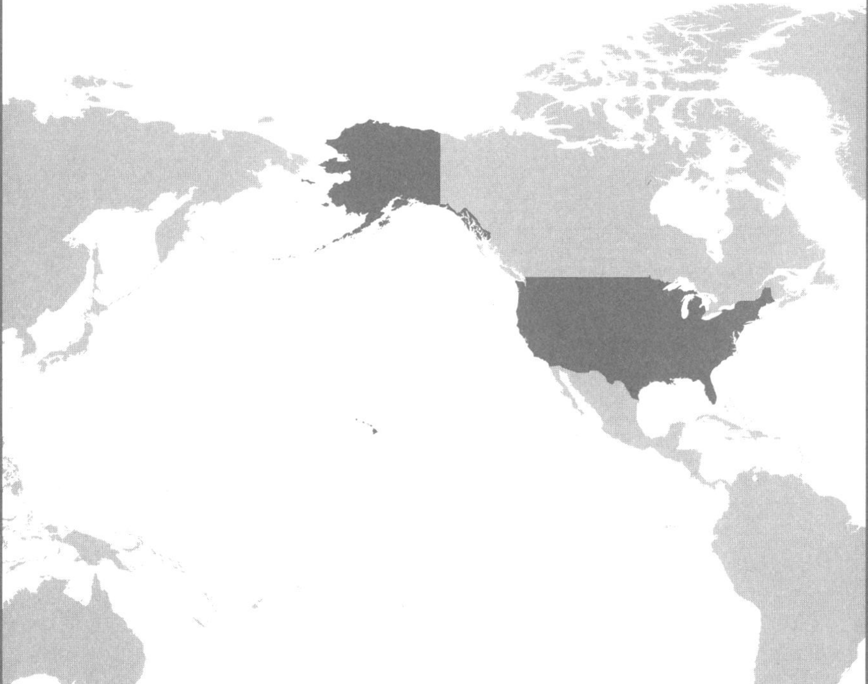

從美國看世界

─為何以「世界警察」自居？

美國原本是十七世紀初英國移民生活的「**殖民地**」。

如果美國歷史以獨立戰爭開始算起的話，至今約為二百三十年左右，並不是很久遠。但如果談到現代的國際政治，美國卻占非常重要的一席之地，甚至在不久之前還被稱為「世界警察」。

美國每年都編列了龐大的軍事預算，不論全球何處有衝突、戰爭發生，幾乎都可看到美軍介入干預。

這樣的舉動可能會被視為好戰之國，或是擁有強烈野心的國家，但實際上，美國並非覬覦他國領土才這麼做，反之還不如說對他國的領土不太有興趣。

那又該如何解釋美國積極介入各地衝突的行為呢？

接下來要說明的就是，美國外交策略的其一特徵—「門羅主義」，也就是所謂的孤立政策。美國自十九世紀中葉開始，就一直無心拓展、干預其他大陸，而是專心地在美洲領土上擴張，因此致力於排除其他大陸列強干涉美洲事務。

美洲大陸依自然地理可分成北美洲以及南美洲兩大陸地。

由於美國徹底實踐了所謂的孤立政策，因此獲得能夠控制南北兩方的影響力。由此層面可知，**所謂的美國孤立主義，其實就是為了能夠保持美洲整體皆在美國的控制、影響下的政策**。

一八六七年，美國向當時面臨財政問題的俄羅斯買下了阿拉斯加。當時並非因為阿拉斯加有經濟價值才購買，而是認為如果想要掌控整個美洲大陸，早買晚買並沒有太大損失。

但卻沒想到阿拉斯加在轉賣給美國之後，竟陸續挖掘出金礦、石油，和天然氣等豐富礦產資源，讓俄羅斯感到十分懊悔。

此外，二次世界大戰結束後的冷戰時期，阿拉斯加的地理位置對抗衡蘇聯具有非常重要的戰略位置。怎麼說呢，只要想像一下若加拿大的領土緊連著蘇聯，這樣就能理解有多重要了吧！美國以極少代價買下阿拉斯加，卻在各種不同層面獲得更多利益，實屬意料之外。於是，類似這概念的延續：「與其爭奪其他大陸的土地，倒不如專心經營美洲大陸。」

然而，事實上除此之外，美國在加勒比海與太平洋上與西班牙的戰爭（美西戰爭），也攫取了不少島嶼國家。這樣看來，或許也有不少人會認為，美國與歐洲帝國主義的領土擴張概念也沒什麼不同吧？

美國與歐洲在基本心態上還是有些許差異。

至於要說是哪裡不同，大概就是**美國的根本立國精神，也就是其建國的初衷：「自由理念的精神」**。

美國在美墨戰爭（一八四六至一八四八年）獲得墨西哥近三分之一的土地後，又開始重新大力提倡自由精神，也就是**所謂的「天定命運論（Manifest Destiny）」**，

意即美國認為他們被賦予了向西以及北美洲擴張的使命。之後，這理論又被延伸、擴大解釋成「美國背負著必須將自由擴展至世界的天意」。

十九世紀末的美西戰爭，也就是在此理論的基礎上所爆發的戰爭。

對把自己當作拓荒者的美國人而言，從已經式微的西班牙帝國手上奪取太平洋上的殖民地，也可當作是另外一種冒險犯難的精神，這同時也是為了將美國的「自由精神」概念普及到世界各地的手段之一。

顯而易見地，這些理論就是讓美國成為「世界警察」的基礎意識形態之一。

美國就這樣漸漸地發展出民族優越感，陸續與周邊國家產生衝突，處在與歐洲各國完全迥異的地理條件下，尤其是競爭較少的「巨大海洋國家」環境中，更能順利宣揚其自由主義。

就這樣，十九世紀後半葉開始發展孤立主義的美國，到十九世紀末以後，拓荒者精神消失的同時，也成功地將領土勢力擴展至太平洋。

〈美國在1898～1990年的主要戰爭史〉

年份	戰爭	內容	頁數
1898年	美西戰爭	美國為了奪取太平洋上的西屬殖民地而向西班牙宣戰，僅四個月就擊敗西班牙，將菲律賓與關島納入版圖。	第182頁
1914年	第一次世界大戰	原本不介入他國紛爭的美國，最後還是改變心意加入戰爭，使戰局產生了一百八十度的大轉變。實質上雖然未干預太多，但美國也趁亂將加勒比海的兩國囊括進領土內。	第186頁
1939年	第二次世界大戰	美國最初並未加入戰局。最後，美國以正義之名，認為這是一場「法西斯、軍國主義與自由與民主主義的對抗」，加入作戰後隨即逆轉戰況。	第188頁
1950年	韓戰	資本主義對共產主義，朝鮮半島上美國與蘇聯的對立情況表露無遺。	第190頁
1960年	越戰	象徵美國與共產主義對立的亞洲區代表戰役。最後，美國嚐到戰敗的滋味，而不論是越南或美國，戰爭的後遺症至今仍難以痊癒。	第196頁

1962年
古巴導彈危機
冷戰史上最接近核子戰爭的危機事件。
美國與蘇聯間的對立危險度節節上升，歷史上從未有過與核子戰爭如此接近的緊急事件，東西陣營為了避免引發世界大戰，雙方皆戰戰兢兢地尋求和解的途徑。
第202頁

1980年
兩伊戰爭
美國以武力介入中東局勢的起始點。
美國自己種下的因，導致伊拉克入侵科威特，引發了曠日費時的波斯灣戰爭。
第207頁

1990年
波斯灣戰爭
以「民主化」為名進攻伊拉克，但世人卻認為實際只是為了取得石油控制權的戰役。
第208頁

美西戰爭

—戰勝西班牙，建立亞洲據點

一八二三年，美國第五任總統詹姆斯．門羅於國情咨文中提出孤立主義，因此也被稱為「門羅主義」，主要內容有以下四點：

◎美國不參與及干涉歐洲國家的紛爭事務。
◎承認歐洲目前在美洲的殖民地，美國保證不干涉其殖民事務。
◎歐洲各國今後不得在美洲大陸上增加任一殖民地。
◎介入、干涉任一從西班牙獨立的拉丁美洲國家事務，即是與美為敵。

當時在拉丁美洲的西班牙和葡萄牙的殖民地，紛紛趁拿破崙戰爭占領西班牙之際掀起獨立運動，西班牙對殖民地的控制權從此時起一蹶不振。

此時，美國門羅總統也在國情咨文中，對歐洲各國宣告，要求歐洲國家不得干預美洲大陸內部事務，此孤立主義無疑是想藉由孤立美洲大陸，以達成美國本身在美洲擴張版圖的策略。

但到了十九世紀末，美國已經超越英國成為世界龍頭，擁有優異的工業生產力，因此也將企圖心移轉至拉丁美洲，甚至以太平洋為目標。

這時也正值美洲大陸西部拓荒者精神時期的尾聲，唯恐精神消失，於是刻不容緩地轉移目標，將太平洋當作美國的「下一個拓荒區」。

一八九八年，美西戰爭爆發，是美國為了奪取西班牙在太平洋殖民地而發起的戰役。而美國僅花了四個月就擊退殘弱衰敗的西班牙，將西屬菲律賓以及關島盡收進版圖內。（圖32）

此外，美國在此役中能獲得壓倒性的勝利，全是拜夏威夷群島所賜。

美國在此時雖已擁有珍珠港的獨占使用權，但經此役後，夏威夷的重要性才真正

圖32 美西戰爭與合併夏威夷：美國所獲得的土地

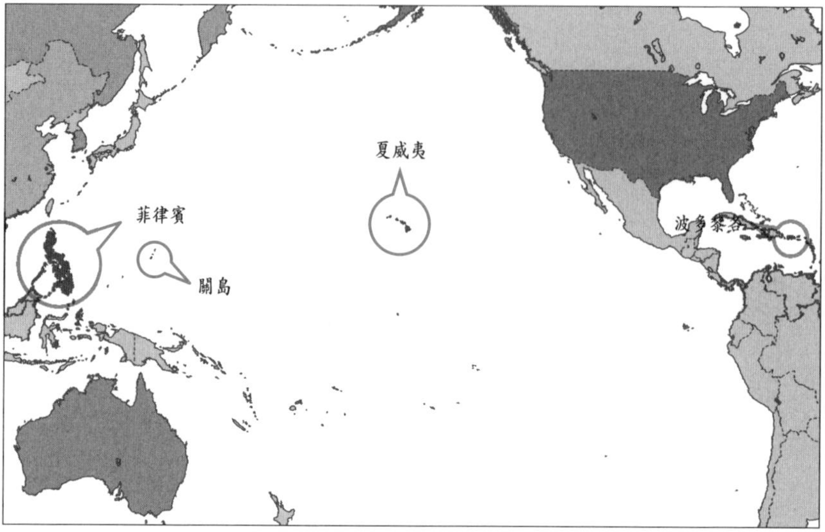

顯現出來。在與西班牙作戰時，廣闊太平洋上的夏威夷具有絕佳的戰略位置，正好成為重要的軍事補給據點。

此一優勢使美國國內輿論沸騰，於是也就順水推舟地計畫吞併夏威夷。一八九八年七月戰爭結束時，夏威夷正式成為美國的候補州（一九五九年正式成為美國第五十個州）。

之後，雖然夏威夷島內也經歷過幾次革命，試圖復興原夏威夷王朝，但最終仍舊被美方以絕對優勢壓制住反抗勢力，最後正式取得夏威夷。

趁著美西戰爭勝利之際，美國成功地將控制權延伸至太平洋，一下子拉近與列強的距離，因此美國在一八九九年也對清朝發表了「門戶開放政策」，要求通商以及開放關稅等與各國相等的權利。

此時的中國早就被英、法、俄、德等列強瓜分完畢，美國卻仍以強硬的態度要求分一杯羹。

第一次世界大戰

─趁戰亂占領加勒比海

一九一四年，第一次世界大戰爆發。一九一七年四月美國加入戰局，雖然美國是在大戰尾聲才加入，本來決意不干涉歐洲事務的，卻在一加入就徹底改變了當時僵持的戰況。

美國大量出口工業產品及武器至其他國家，同時提供大筆的資金援助，以確保債權。也就是說，假使同盟國戰敗一切將化為烏有，不但美國的工業出口量會大幅減少，甚至將無法回收債權，因此幫助同盟國作戰其實是為了降低美國的損失。

美國參戰的理由，是緣起於德國的無限制潛水艇攻擊策略，由於德國無差別攻擊英國船隻，導致美籍旅客與商品也遭受波及，因此國內反德聲浪逐漸高漲。德國的無差別攻擊，已經影響到海上交通與其他商業交易行為，因此美方決定宣戰。

在美國決定參與第一次世界大戰前的一九一五至一九一六年間，其實就已經占領

圖33 第一次世界大戰：美國占領的國家

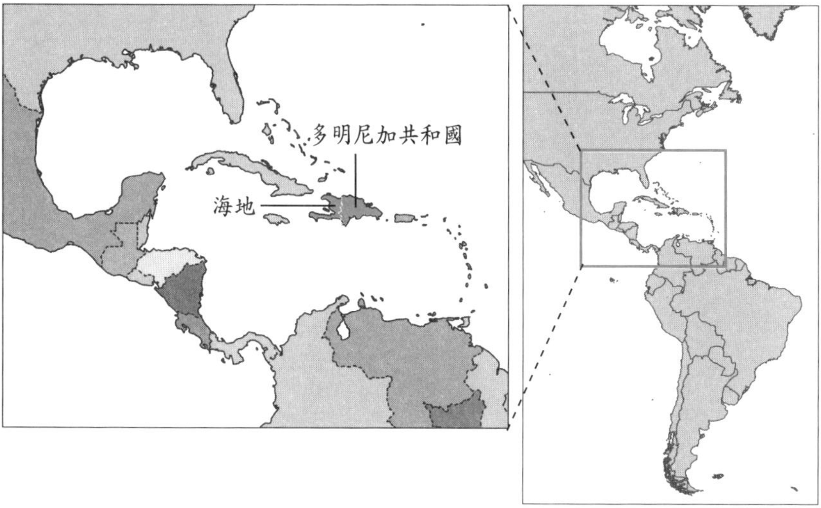

了從法國、西班牙脫離的海地和多明尼加共和國。(圖33)

海地與多明尼加位於古巴東方的伊斯帕尼奧拉島(又稱海地島)上，這兩國為了償還獨立時所產生的債務與賠款，生活十分艱苦。此時，德國便想使其成為殖民地。

但對美國而言，加勒比海就如同自家後院，並不想讓歐洲國家隨意出入干涉，因此趁第一次世界大戰，歐洲內部混亂之際，打著償還債務的旗幟對兩國出兵，占領海地島。

第一次世界大戰，美國實質上並未參與太多，但另一方面，美國又趁歐洲戰亂時期，輕易地就將加勒比海兩國納入其勢力範圍。

第二次世界大戰
——美日安保條約的開端

一九三九年，德國進攻波蘭開啓了第二次世界大戰，一開始美國並沒有參戰。但軸心國打著法西斯主義的名號，加上位於環太平洋圈的日本又侵犯到美國的領土（珍珠港事件），於是美國又再次加入戰局。

表面上，美國會加入二次大戰是由於太平洋戰爭所導致的結果，但實際上在這之前，美、英兩國為了打倒納粹黨，以及處理戰後分配等問題，就已經在「大西洋憲章」中協商完畢，因此早在日本偷襲珍珠港前，美國參戰的目標就已十分明確。最後，美國以正義為名目，視此役為「法西斯、軍國主義與自由、民主主義的對抗」，在其加入戰局後，隨即扭轉戰況。

一九四四年六月，由美國領導的同盟國軍隊在已被德軍占領的諾曼第登陸，開始作戰。接著一九四五年，美、蘇、英三國聯軍同時由東西兩線進攻德國，希特勒自殺後，德國無條件投降。

另外，在亞洲戰場上，美國奪回日本占領的關島，並向日本進行無差別空襲，戰後占領沖繩，最後分別在廣島、長崎兩地投下兩顆原子彈，加之日本在中國戰區亦節節敗退，便隨即投降。

事實上，在決定投放原子彈前的一九四五年二月，美、英兩國已經與蘇聯簽訂了對日參戰密約，蘇聯背棄了早先與日本簽訂的日蘇中立條約，決定與英、美聯手，迫使日本無條件投降。

就這樣美國帶領同盟軍取得最終勝利。

然而，在第二次世界大戰中共同對抗軍國主義、法西斯主義的美、蘇兩國，卻在戰爭結束後，因企圖爭奪全球主導權，使國際社會分裂成兩個對立世界。

美國在戰後占領日本，並企圖將勢力範圍延伸至朝鮮半島，同時蘇聯也計畫再度南下擴張領土到朝鮮。

結果就是造成了朝鮮半島遭分割，一時半刻勝負難分的兩國，硬是在亞洲建立據點、任意瓜分。瓜分完畢後，朝鮮半島建立起分別被美國與蘇聯支持的兩個獨立國家，即是所謂的資本主義對共產主義；換言之，朝鮮半島上，美國與蘇聯對立的顯著局勢表露無遺。

一九五〇年，為了爭奪南北統一主權問題的韓戰爆發。支援南韓的美方，與中途將解放軍送至北朝鮮作戰的中國產生激烈衝突，戰事呈現膠著狀態，最後，雙方皆以本來約定的38度線為停戰線，這些在第一章已有詳細說明，不再贅述。

一九五二年，日本在舊金山和約中恢復主權。一九五一、一九六〇年相繼締結了美日安保條約，允許美軍在日本領土上進駐基地，雙方由此開始聯手締結安全網（圖34）。如此一來，日本就在美國勢力範圍內，而美國在亞洲的勢力更加穩固。

特別是若得到朝鮮半島，就等於得到進出中國的控制權，在冷戰時期對蘇聯的影響可說是非常深遠。

圖34 美軍駐日基地

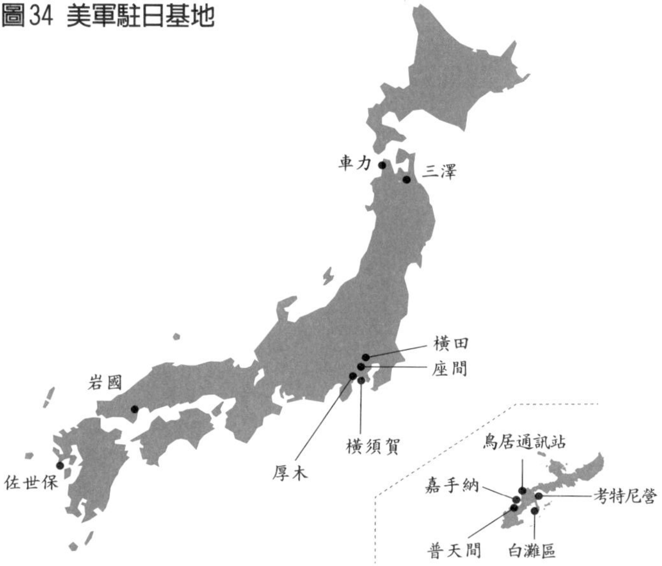

美軍於沖繩的基地設施

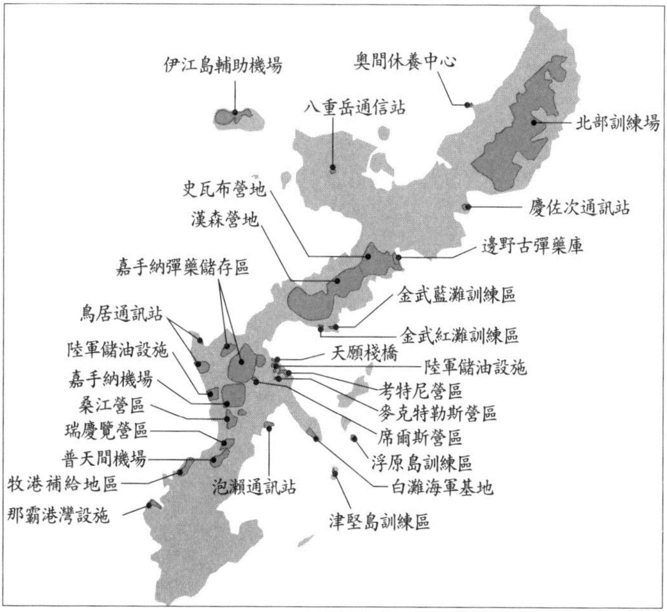

馬歇爾計畫

——以巨額資金支援西歐各國的戰後振興計畫

馬歇爾計畫是杜魯門總統任內擔任國務卿的馬歇爾在一九四七年所發表的計畫。

簡單來說，就是提供資金給在第二次世界大戰中受到重創的歐洲各國，用以振興財政的計畫。不過，美國會自掏腰包援助歐洲，當然是有其他目的。

當時的杜魯門政權認為，美國應該從經濟、軍事、政治策略等各種面向來封鎖共產勢力，以預防其繼續擴大，因此在同年也發表了「封鎖政策」。

也就是說，**歐洲越早復興，就越能促進經濟安定，使共產主義的影響控制在最小範圍內，這才是馬歇爾計畫的真正目的。**

一九四九年，美國聯合英國、法國創立北大西洋公約組織（NATO），企圖建立一軍事網包圍蘇聯。自從馬歇爾計畫開始進行後，西歐各國熱烈迴響，與美方之間的連結不斷增強。

此外，蘇聯則是譴責馬歇爾計畫是「**假借支援之名，進行帝國主義的擴張**」，並在一九四九年，與東歐各國組成經濟互助委員會。

於是，以美國為中心的西歐陣營，與以蘇聯為主的東歐陣營開始分化，東西冷戰局勢也逐漸確定。

馬歇爾計畫還有另外一個重要的層面，就是復興美國本身的產業經濟。

美國產業在二次大戰後快速成長，但如果歐洲各國經濟不振，則美國製造的產品無法出口消化；一味地製造卻沒有市場，無論多麼強大的生產力，最終也將無用武之地。因此必須致力恢復海外市場，以防生產過剩，造成國內產業破綻百出。

美國製的支援物資大量運送至國外，以消耗製品的產量；另外，與歐洲的貿易行為恢復正常後，美國國內經濟也不致於被戰後蕭條的經濟影響。馬歇爾計畫無疑是當時十分重要的政策之一。

就這樣，此計畫不只幫助歐洲復興，也化解了美國的經濟危機，雙方各取所需，達到雙贏的結果。

隨著復興支援計畫的成功，戰後駐留在歐洲的美軍也逐漸撤離。雖然導致歐洲東西分裂的情況，但由於西歐各國與美國之間的羈絆越來越強，成功建構一定的信賴關係。

此後，冷戰的形成以及韓戰爆發，全世界都受到影響。一九五一年，美國國會通過了共同安全法案，將受援國家納入其防衛體系中。

如此一來，不只援助了西歐的經濟層面，連軍事方面也一併納入考量，使得西歐有了軍事後盾。

單純的經濟援助——馬歇爾計畫就到此告一段落。

接著，美國對外的援助方針也轉變為以經濟、軍事雙管齊下的政策。

馬歇爾計畫所援助的歐洲國家

越戰

——美國史上「唯一敗北」的戰爭

亞洲越戰的爆發，象徵著美國與共產主義的對立。同時，這也是美國史上唯一敗北的一場戰爭，並使兩國在戰後都遭受慘痛的代價。

二次世界大戰後的越南，於一九四五年發表獨立宣言，同年九月，由胡志明總統建立越南民主共和國。

但法國仍想要維持戰前所擁有的屬地控制權，因此對越南發動攻擊。為了對抗法國的殖民統治，於是一九四六年，越、法兩國爆發了印度支那戰爭。

法國為了與擁有強大後援的胡志明對抗，在一九四九年成立了魁儡政權越南國。

其後，這場戰役變成一場曠日費時的耐力賽，總共歷時了八年，直至一九五四年才終於簽訂停戰條約——日內瓦協定，協定中約定以北緯17度線為南北停戰線，南為越南共和國，而北為越南民主共和國，以此分割越南，而法國撤兵。

至於，法國設置的魁儡政權—越南國，在越南共和國成立和日內瓦協定簽訂生效的同時隨其消滅。

此外，**美國雖然也加入了印度支那戰爭，但在日內瓦協定中卻對美方未提及隻字片語，導致美國的不滿**，最終取代了法國的宗主地位，強勢干涉起越南事務。

越南民主共和國（又稱北越），是由中國扶持建立起的一個社會主義國家。美國深恐東南亞一帶也會隨著赤化，因此印度支那戰爭結束後，在美國的支持主導下，南越也建立起獨裁政權。

日內瓦協定中約定一九五六年進行南北統一選舉，但南越卻拒絕履行。

一九六〇年，反對南越政權的人民組成了南越解放民族陣線（又稱越共），以反南越、反美帝為口號，成員範圍廣泛且複雜，由勞動黨員甚至一般農民和學生都大幅響應加入反南越政府的活動。

如此一來，南北越均陷入了內戰狀態（圖35），美國為了防止亞洲共產黨勢力如骨牌效應般地繼續擴張，故不同意由北越主導統一越南，因此藉由支援南越政權強勢地阻止統一。

但北越與南越解放民族陣線的勢力日漸擴大，南越的魁儡政權逐漸失勢。美國惟恐事態嚴重，隨即於一九六五年開始對北越進行空襲轟炸，再陸續派遣軍隊至北越作戰。作戰部隊人數最多甚至高達五十萬人，破壞越南的農村以及土地。明明是越南的內戰，美國卻堂而皇之地介入攻擊。

而北越則是以中國和蘇聯為後盾，與美對抗。

受到北越支援的南越解放民族陣線，挺過了北越大轟炸後，便開始與美軍展開激烈的陸地游擊戰。

圖35 越戰：分別支持南北越的國家

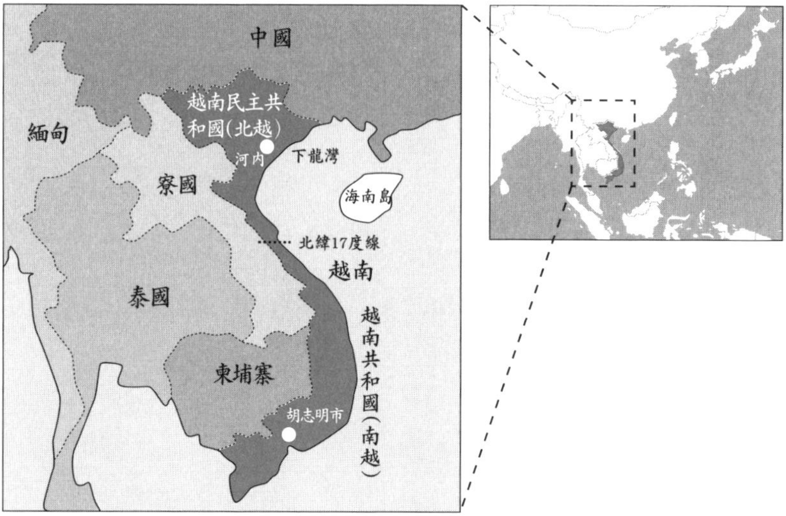

越南共和國（南越）	VS	越南民主共和國（北越）
美利堅合衆國		南越解放民族陣線
大韓民國		民主柬埔寨
中華民國		巴特寮
澳大利亞		蘇維埃聯邦
菲律賓		中華人民共和國
泰國		朝鮮民主主義人民共和國
紐西蘭		
高棉共和國		
寮國共和國		

無戰鬥力的一般人民也都受到波及，造成許多無辜喪命的犧牲者，而南越解放民族陣線的勢力卻跟著水漲船高。美國與熟悉地形的敵方打游擊戰，戰況十分不利，陷入泥沼苦戰之中。

此外，不僅美國國內反戰聲浪的輿論高漲，全球各地的反戰運動也越演越烈。

一九六八年，受國際輿論和反戰運動的影響，美國終於停止北越空襲行動，進入和平交涉階段。一九七三年在巴黎和平會議中簽訂巴黎和約，美軍依約撤出越南。一九七五年，越南內戰進入最後階段。

因為美國的介入而變得更加混亂的戰爭情勢，最終由柬埔寨、南越、寮國的南越解放民族陣線勢力取得勝利。

一九七六年，南、北越統一後建立越南社會主義共和國，柬埔寨和寮國也紛紛獨立成為社會主義國家。

美國與越南都因為越戰造成無數的犧牲者。

越戰時，美軍所使用的「落葉劑(枯葉劑)」對當地環境造成了影響非常深遠的破壞，此外戰爭期間還有數不清的非人道行為。越戰更是目前歷史上聞名世界的最為悲慘戰事之一。

戰敗後歸國的美軍，身心重創，久久無法忘卻越戰所帶來的心理創傷；而美國境內也出現了「越南症候群」，社會人心惶惶，對自獨立戰爭以來屢戰屢勝的美國而言，越戰是美國人心中永遠的創傷。

越戰也是「美國史上唯一敗北的戰爭」，更是美國對抗遠東的共產勢力中最沈痛的失敗。

古巴導彈危機

——對立轉折，美蘇關係開始產生微妙的變化

冷戰時期使全球陷入千鈞一髮的最緊迫事件，就屬一九六二年的古巴危機了。起因是蘇聯在古巴部署建設中長程導彈的行為，使得美國與蘇聯間的戰爭一觸即發，冷戰局勢到了最緊張的時刻，甚至可能發展成第三次大戰規模的核武戰爭。對美國民眾而言，核子戰爭是不得不考慮現實的重大決定，因此美蘇兩陣營為了避免全球陷入核戰，最終以雙方和解收場。

一九五九年的古巴革命，以卡斯楚為首的起義軍，推翻了由美國資本主義所扶持的獨裁政權，建立起革命政權。

而美國反對卡斯楚所提出的農地改革、由國家接收現有外資企業，以及企業國有

圖36 古巴危機—古巴的地理位置

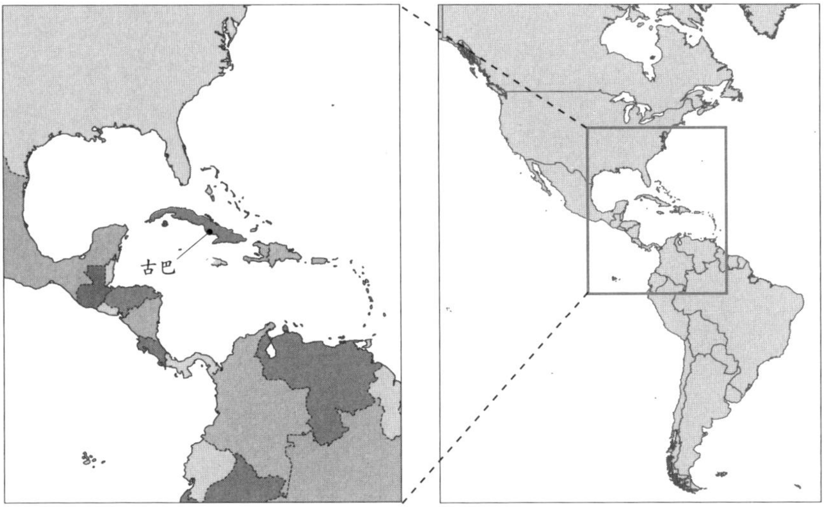

化等政見，因此宣布與古巴斷交。

卡斯楚則趁此時宣揚社會主義，一下子拉近與蘇聯的關係。

美國原本以為整個太平洋都盡在自己的掌控之中，也利用北約組織將蘇聯包圍得滴水不漏，卻在完全沒想到的關鍵之處，冒出個社會主義國家。

對蘇聯而言，沒有比古巴更適合牽制美國的地點了。只要在古巴部署軍事設施，即可將整個美國納入射程之內（圖36）。這對當時美國與蘇聯的核子軍備競賽是一大轉折。

如果蘇聯在古巴建設導彈基地，那

麼美、蘇兩國到目前為止的差距很有可能一筆勾銷，甚至還會逆轉超前。美國就像是無預警地被人用槍指著腦袋一樣突然。

古巴危機就是在這背景之下發生的。

一九六二年十月十四日，美國空軍偵測機發覺古巴正在建設飛彈基地。美國總統甘迺迪隨即對全國發表演說，向大眾告知蘇聯正在古巴部署核彈基地的事實，如古巴發動攻擊則全都視為蘇聯主導。

此外，陸地射程飛彈和空襲機也都進入高度戒備狀態，為了不讓更多武裝軍備進入古巴，進行了海上封鎖。

此時，蘇聯已派出乘載導彈的海軍艦隊，如果當時蘇聯艦隊強行突破美國的海上封鎖線，則美、蘇，甚至全世界都將無一倖免地被捲入核戰之中。

但在雙方緊急情報作戰和交涉妥協後，十月二十八日，終於達成和解。美國以撤離土耳其境內的導彈，以及不再干涉古巴內政為條件，蘇聯也終於撤除位於古巴的導彈基地。

千鈞一髮地，歷經十五日的古巴危機終於解除。

藉由差點引爆核子戰爭的古巴事件，使世人得以深刻體認到核戰的威脅性，因此反核的聲浪也愈來愈大。

美蘇兩國是對核子武器的危險性最為瞭解的「當事者」，自此後雙方關係也起了微妙的變化。緊急事態發生後，兩國元首為了能夠直接對話，設立名為「熱線」的通訊系統，這正是雙方都有避免以核子武器互相對立的共同見解之緣故。

中東與美國

─波斯灣戰爭、阿富汗戰爭、伊拉克戰爭

從世界大戰、冷戰時期再到現代，美國一向自詡為「世界警察」，打著「自由與民主主義守護者」的正義口號，極力地防堵共產主義勢力繼續擴張。

然而，此正義口號背後隱藏的卻是美國在太平洋與拉丁美洲的利益，正因為有這些利益，美國才會如此積極地介入朝鮮半島、越南、古巴等地事務。

以波斯灣戰爭介入中東事務也是相同的目的。

美國視擁有強力軍備以及軍事獨裁政權的中東為「敵方」，打著「自由與民主主義」之名的正義旗幟，並以杜絕恐怖主義和大規模毀滅性武器為藉口，不斷地入侵

圖 37 中東與美國

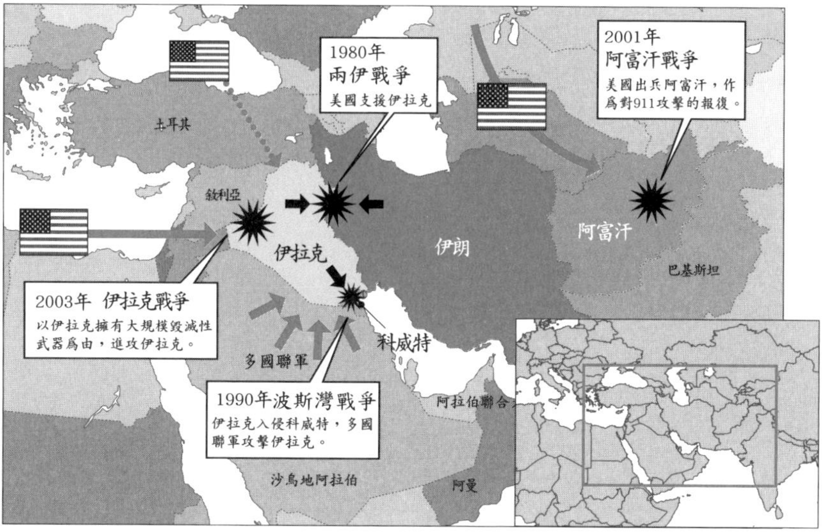

中東地區。

表面上是為了「民主化」所發動的攻擊，實際上卻是為了取得石油的開採權。

這裡先大致說明一下美國武力侵略中東地區的過程。（圖37）

比較廣為人知的，應該是波斯灣戰爭，但回歸事件的根本原因，還是得先看看一九八〇年伊朗與伊拉克的戰爭。

一九七九年，伊朗的伊斯蘭教長主導政變，發起伊朗革命推翻原本的伊朗王朝，建立政教合一的伊斯蘭共和國。

然而，美國認為伊朗的神權統治是極度危險之事，秉持著「敵人的敵人就是朋友」，提供大規模武力給伊拉克進攻伊朗。

但到一九八八年兩國停戰後，長久的戰事使得伊拉克背負大筆債務，為了解決財政問題，伊拉克將目標瞄準了科威特的油田。

換言之，美國埋下了伊拉克進攻科威特的前因，最終引起波斯灣戰爭。

一九九〇年八月，伊拉克為了取得油田權利，出兵占領科威特。但實際上，早在伊拉克與科威特尚未被分成兩個國家之前的英國殖民時代，伊拉克就曾經宣稱擁有科威特的領土主權。

因此當聯合國要求伊拉克無條件撤兵時，伊拉克無視此項要求。這使得美國布希政權號召、組織了以美軍為主的多國聯軍，進軍伊拉克。

雖然聯軍馬上壓制住伊拉克軍隊，但國內外的輿論卻譴責美國，指其不應以武力攻擊其他國家，侵犯他國主權。由於美國的行動與聯合國的理念相悖，因此國際社會對布希政權的譴責聲浪更加激烈。

隨著伊拉克認輸，戰爭即結束了，而伊拉克得以保留武力。這對日後的伊拉克戰爭，留下了一大隱憂。

而以「世界警察」自居的美國，在中東地區任意動用武力，這樣的行為使全球各地的反美情緒日漸增長。

特別是**阿拉伯世界的反美情緒達到巔峰，二〇〇一年九月十一日，中東對美國發動了多起恐怖主義攻擊（九一一事件），便是基於這些歷史背景所導致的悲劇**。

美國將此恐怖攻擊定位成「恐怖主義」和「伊斯蘭原教旨主義」事件。在釐清恐攻是由伊斯蘭原教旨主義的蓋達組織發起後，便鎖定其首腦奧薩瑪·賓拉登，並於二〇〇一年十月，對蓋達組織活動的主要地區——阿富汗，展開了一連串的報復攻擊行動。

原屬激進派原教旨主義的阿富汗塔里班政權。

雖然國際間對美國攻擊阿富汗的行為，持續有贊同及反對的聲音，但美國僅花費兩個月就擊垮塔里班政權。

之後，由聯合國主導支援阿富汗的復興重建，以及臨時政府的建立。但是這都無法安撫中東民族的反美意識，甚至再掀起另外一波反美熱潮，阿富汗的民眾更是至今仍無法得到安穩的生活。

美國過度武力干預中東的舉動，在阿富汗戰爭後仍持續進行。

視伊朗、伊拉克、北韓為「邪惡軸心」的美國，聲稱伊拉克擁有大規模毀滅性武器，因此強行要求進入伊拉克進行偵查行動。

在伊拉克拒絕此要求後，二〇〇三年三月，以美軍為主的多國軍隊開始對伊拉克發動空襲，伊拉克戰爭爆發。而這其實是美國以發掘大規模毀滅性武器，撲滅恐怖主義為名目的侵略行動。

但無論是在伊拉克戰爭期間或之後，都沒有在伊拉克境內發現所謂的大規模毀滅性武器，因此美國最後也不得不承認自己的錯誤。只是伊拉克遭到推翻的政權，以及戰爭所造成的破壞都已無法復原，而美國出兵伊拉克的行為早已師出無名。

即使如此，美國依舊採取強硬姿態，以「伊拉克民主化」為由持續駐軍行動。

伊拉克民眾一開始因為海珊政權倒台也十分歡迎美國，但隨著仇美情緒不斷地升高，反美武裝勢力與美軍產生衝突，戰爭頻發。原本應該是與海珊政權對抗的伊拉克戰爭，卻在正義之名消失後，變相成為與伊拉克人民間的一場無止盡戰爭。

一直到二〇一一年，接任布希的歐巴馬總統承認伊拉克擁有大規模毀滅性武器是誤傳，以及完全撤出伊拉克境內的美軍並宣告戰爭結束，這才終於告一段落。

像這樣打著正義的旗幟，一意孤行出兵中東，使得局勢越發不可收拾，戰事不斷上演，最後卻成為曠日費時的泥沼之戰，很難不說這一切都是美國自食惡果。

一九七九年，蘇聯入侵阿富汗。

美國在卡特前總統在任時並未對此做出太大的干涉。但等到雷根總統上任時，情勢產生了急遽變化。

為了扭轉不利局面，美國提供了高性能武器給包含伊斯蘭原教旨主義在內的阿富汗民兵和義勇兵。最後迫使蘇聯撤出阿富汗，但事情並未就此結束。

伊斯蘭原教旨主義教徒將蘇聯趕出阿富汗後，更認為「聖戰」終於有了成果，證明正義還是存在。因此伊斯蘭世界開始在各地形成了各種不同的原教旨主義組織，形成了更多的「聖戰士」。

而美國周旋在這些聖戰士的游擊戰及恐怖攻擊之中，陷入了難以自拔的苦戰。但追溯原由，這不就是美國在一九八〇年代為了自身利益將蘇聯逼至窮途末路，支援阿富汗的戰略所導致的結果嗎？

只能說是美國咎由自取。

終　章

地緣政治
今後的走向

「此消彼長」國際關係的常識

本書前幾章從中國、俄羅斯、歐洲、美國四個層面切入概觀戰爭的歷史。我們知道戰**爭皆是「為了爭奪更優渥、更廣闊的土地」所引發。換言之，是一個國家為了追求「更多的財富」，而希望擴大疆域範圍。**

如果「能使人民在目前擁有的土地上，豐衣足食、生活得舒適，也沒有任何不滿與不自由」的話，那麼是不是也就不會有任何國家會特地耗費人力、物力以及軍力來擴大領土了。

◎目前擁有的土地實在太狹小了。

◎目前土地所能種植的作物不夠豐富。

因此才會千方百計地掠取其他人居住的土地。這種事情並不是說「請把土地讓給我」的溝通就可以達成，這樣是白費唇舌，最終還是只有動用武力強取。

如果他人不斷地掠奪自己的領土，在不斷被攻擊後失去土地，最後就會憤恨地不得不自我武裝抵抗，戰爭就是這樣形成的。

一個國家攻擊另一個國家，接著被攻擊的一方群起回擊應戰。人類的歷史上，戰爭就這樣周而復始、不斷地發生。

不過，現今國際社會基本上是抱持著「不戰」的態度。

但就戰略層面來看，最有利的還是屬先發制人了。如果喪失先機而被敵方得逞，就不得不反擊；但如果**要達到「不戰」的目標，則必須反其道而行，先昭告天下「一旦我方遭受威脅、攻擊，那麼一定會發動更猛烈的反擊還治其人之身」，使有野心企圖的人有所忌憚，不敢輕易宣戰**。

也就是說，被攻擊後才開始防禦是不夠的，要做到不開戰就能遏止敵方入侵，這必須得有萬全的對策才行。

一旦被敵方看輕，而認定有機可乘就有可能誘發戰爭。簡單來說，就是**「被看扁就可能會被攻擊」，這說法聽起來很粗俗，但國際關係的現實就是如此。**

因此，無時無刻都得整頓軍備，讓敵方清楚瞭解「一旦發動攻擊，那麼損失的會是自己」。組成同盟也是相同之意：「一旦攻擊我方，則等同於與同盟中的全員為敵，所有人都會跟著反擊喔！」

這就是所謂的牽制效果。現今國際社會趨勢就是為了避免開戰，避免支出龐大軍費以及造成不必要的人力損失。

「不戰」雖然是現今國際社會上的基本理念，但也有不少帝國主義國家，絲毫不隱藏對外侵略的野心。因此目前來看這種牽制行動還是必須的。

在牽制的拉鋸中達到均衡狀態，呈現靜止。

但這種靜止狀態並非真的完全不動，如有一方後退，另一方則理所當然地前進，即是如果讓人發現弱點，那麼被趁虛而入的可能性非常高。即使抱持著不戰的信念，仍然會有持相反觀點的國家，因此被迫反擊也不是不可能。

在這裡當然也得討論一下，日本應該要採取何種對策。

從地緣政治學的角度，包含政治風險各方面來看，日本今後到底將如何發展呢？

不同的地緣政治考量，以及各國所產生的利害關係下，又應該如何應對呢？

以地緣政治的風險來思考

──再明確不過的「集體自衛權」

本書介紹了這麼多戰爭歷史，若從地緣政治的觀點，以及國際關係中的基本邏輯概念來看，就能清楚瞭解為什麼近年來日本一直積極爭取集體自衛權。

同盟的意思即是有相互合作、互惠的關係，即是成員互相協定「當受到攻擊時，同盟成員會提供援助」而成立的組織。

換句話說，假使盟國中其他成員遭到攻擊，則日本也能反擊，作為後援之意，即對等同盟關係成立。這就是所謂的集體自衛權的基本概念，也藉此牽制效果，**使得其他野心勃勃的國家有所忌憚，不敢輕易主動攻擊**。

這些論述並非憑空捏造。

如果將戰爭定義在死亡人數超過一千人的軍事衝突，則在第二次世界大戰後，全球各地已經發生了三十八件戰爭（資料來源：COW「the Correlates of War Project」，戰爭相關計畫資料庫」，http://www.correlatesofwar.org/）

而此三十八件戰事中，有十五件是在亞洲發生（圖38，標示部分）

圖38

第二次世界大戰後發生的38次戰爭

戰爭名	開戰（年）	終戰（年）
第一次印巴戰爭	1947	1949
第一次中東戰爭	1948	1949
韓戰	1950	1953（休戰）
第一次台海危機	1954	1955
第二次中東戰爭	1956	1956
匈牙利革命	1956	1956
伊夫尼戰爭	1957	1957
第二次台海危機	1958	1958
中印邊境衝突	1962	1962
越南戰爭（後期）	1965	1973
第二次印巴戰爭	1965	1965
第三次中東戰爭	1967	1967
寮國內戰（後期）	1968	1973
以埃戰爭	1969	1970
足球戰爭	1969	1969
柬埔寨內戰	1970	1993
第三次印巴戰爭	1971	1971
第四次中東戰爭	1973	1973
土耳其入侵塞普勒斯	1974	1974
安哥拉內戰	1975	2002
歐加登戰爭	1977	1978
柬埔寨、越南戰爭	1977	1989
烏干達、坦尚尼亞戰爭	1978	1979
中越戰爭	1979	1979
伊朗、伊拉克戰爭	1980	1988
福克蘭群島戰爭	1982	1982
黎巴嫩戰爭	1982	1982
豐田戰爭（查德、利比亞）	1986	1987
中越邊境衝突	1987	1987
波斯灣戰爭	1991	1991
波士尼亞戰爭	1992	1995
納哥諾卡拉巴克戰爭	1988	1994
塞內帕河空戰（秘魯、厄瓜多爾）	1995	1995
衣索比亞、厄利垂亞邊境衝突	1998	2000
科索沃戰爭	1996	1999
卡爾吉爾衝突	1999	1999
阿富汗戰爭	1978	2014
伊拉克戰爭	2003	2003

資料來源：Correlates of War Project／部分參考其他

圖39

第二次世界大戰後的戰爭發生區域

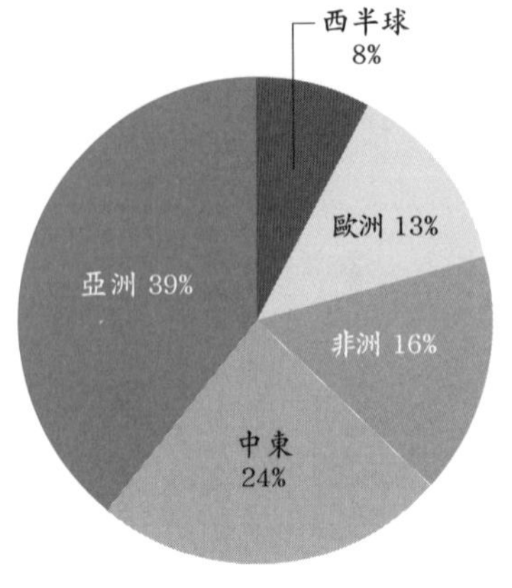

資料來源：Correlates of War Project

從圖39的圓餅圖可看出，亞洲是現今世界上衝突、戰爭最多的區域。

如果以亞洲各國的戰爭年數來對照地圖，即可發現越南、中國、韓國、菲律賓、泰國、柬埔寨等國衝突最多。（圖40、41）。

這些國家大多也和世界知名的戰役有關，不用提也能非常清楚發現，其中不乏與日本相鄰的國家。

經歷了俄羅斯半強迫性地吞併克里米亞後，黑海沿岸絕對稱不上是安定的狀態。中東屢見動亂，以被稱作「阿拉伯之春」的民主化運動為始，不少國家最終發展成一團混亂的內戰，激進伊斯蘭教組織甚至建立了「伊斯蘭國」，爆發許多攻擊事件。

雖說世界各地都是危機四伏，但從二次大戰後爆發的戰爭次數來看，目前最動盪不安的地區非亞洲莫屬了。

圖40 二次戰後，亞洲發生戰爭的國家

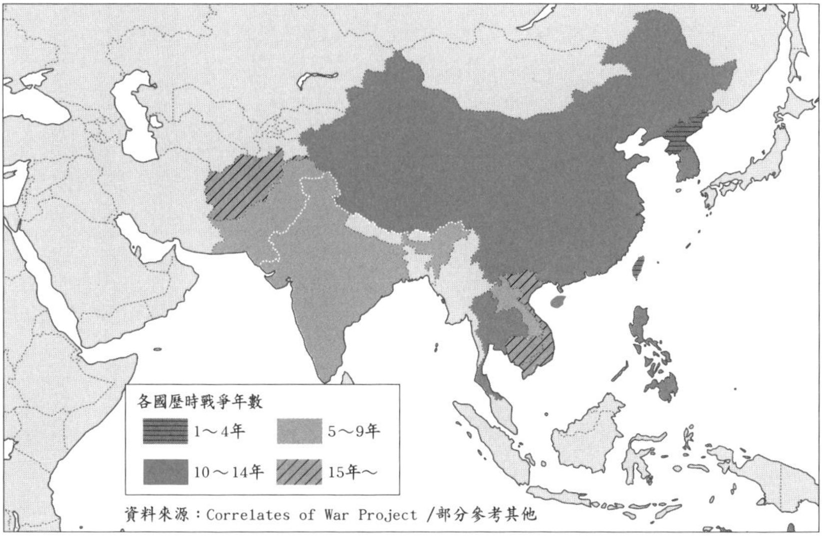

圖41 戰爭國家的分布數量

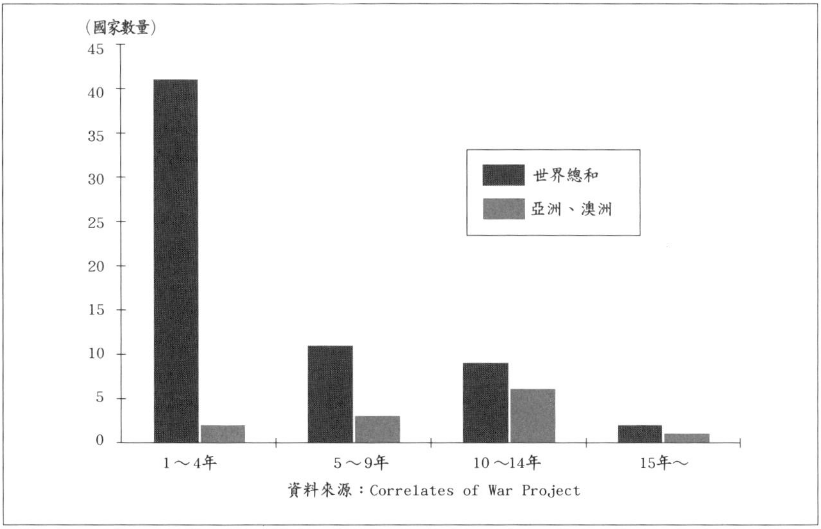

那麼再繼續深入探討，為何亞洲紛擾不斷呢？

在此，先將世界各國以滿分十分來區分民主度，並在地圖上標示出來後，原因就能一目了然。這是因為亞洲各國除了台灣、日本，完全民主的國家非常稀少的緣故。（圖42）

如前章介紹的國際關係理論所提到的，民主國家間不易引發衝突。也就是說，**亞洲為何常發生動亂，也與民主國家太少有很大的關聯。**

反之，已經民主化、安定的西歐國家，往後發生戰爭的可能性也相對低了許多。如果要說尚存在威脅的國家，大概只剩俄羅斯。但比起民主度更低、戰事頻發的亞洲國家，俄羅斯相對已經算是穩定了。

二次世界大戰後，民主化程度尚低的亞洲各國戰爭四起，且也有不少參戰國家是日本鄰國。因此對日本來說，從現實層面來看也不得不考慮到自我防衛。

在日本，有人認為「可以行使個別自衛權，但集體自衛權卻不行」，這完全就是不合常理的主張。在國際關係中，集團內部互相援助防衛是基本概念，不論是「個別」或

圖42 全球民主度地圖

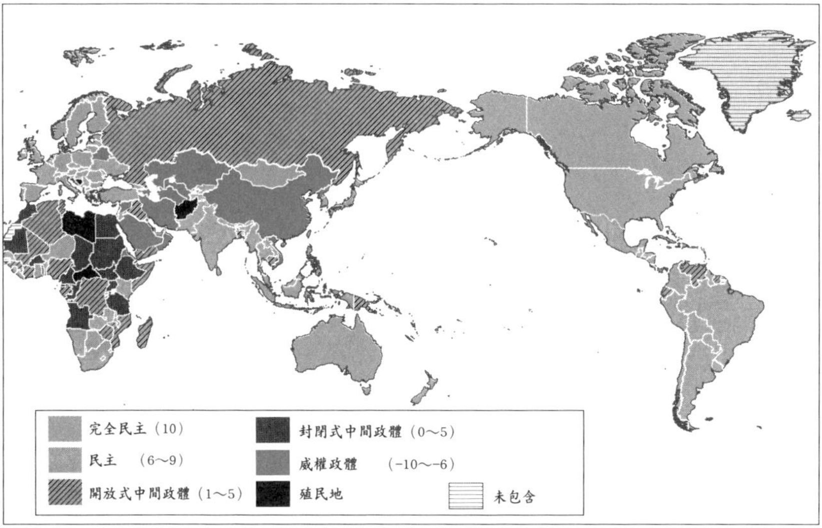

「集體」都沒有分別，皆稱作「自我防衛(Self-defense)」。

反過來說，否定集體自衛權就等於否定了自我防衛的權利及可能性。這也不僅僅只是理論與觀念的闡述，皆有實證研究的文獻記載。

二〇〇一年所出版的《Triangulating Peace》一書(作者：Bruce Russett/John R. Oneal)中，在大量的戰爭資料中證實了「民主國家之間較不會發生戰爭」的民主和平論。

此書特別提出，強化相關國家的同盟關係，可有效地降低發生戰爭的風險，如同次頁的說明。

具體來說，結盟與發生戰爭的關係約略如下：

◎締結穩固的同盟關係到一定程度可減少　40%
◎增加相對軍事力到一定程度可減少　36%
◎民主程度增加到一定程度可減少　33%
◎增加經濟依存關係到一定程度可減少　43%
◎加入國際組織到一定程度可減少　24%

聽起來這理論似乎很難瞭解，不過簡單地說就是，一獨立國家擁有合宜軍備，即可提高牽制效果，藉由組成穩固的同盟關係，再與民主國家進行自由經濟貿易活動，並加入聯合國。如果上述條件都符合，則全球引發戰爭的可能性就會急速降低。

此外，國際關係中有強調結盟、軍事力的現實主義、民主主義，以及強調貿易依存與國際組織的自由主義，都是致力和平的代表。

現實主義與自由主義派長年對立，爭執不下，不過就戰爭實證資料分析顯示，其實兩方的觀點都是正確的。拙著《愚蠢外交》開門見山地將外交定義為「國家安全與經貿關係息息相關」。

Russett與Oneal列舉出同盟關係、軍事力、民主主義、經貿依存關係，總結來說就是國家安全與經濟貿易相互關聯，國際關係的基本概念用數據分析，就能得到具體數值。

再來看看另一個以機率論來思考的數據吧。

日本國內將「個別」與「集體」分開思考的人不在少數，因此我們就針對此概念來假設推論發生不測的機率，也就是最終演變成戰爭的機率各有多少。

先以個別自衛權來看，一百五十件案例中演變為戰爭的有三件，其他一百四十七件為普通事件。如果再加上集體自衛權案例分析，則以部分在野黨主張的案例看來，演變為戰爭的有四件，其他二百四十六件為普通事件。（圖43）

當然這些案例並非筆者自行揣測設定，都是有實證案例所反映出的數據。不過也有部分在野黨提出，戰爭風險應要有更具體的數據，再做簡單的數字計算，才能更清楚地導向結果。

個別自衛權中，一百五十件案例演變成戰爭的僅三件，也就是說引發戰爭的風險為2%。另一方面，加上集體自衛權的話，則二百五十件案例中有四件，因此戰爭風險甚至下降至1.6%。

也就是說，行使集體自衛權會使同盟關係更加穩固，引發戰爭的機率就變得更低。這就是前述Russett與Oneal的理論具體化後所得到的實證結果。

即便如此，部分在野黨還是主張一旦行使集體自衛權會提高戰爭風險。

確實在以總數同樣為兩百五十件案例中比較的話，行使集體自衛權後演變成戰爭的案例，由三件增加到四件。單就這點來看，就如部分在野黨所提出的，一旦行使集體自衛權，發生戰爭的機率似乎也跟著提高了。

然而，這不過是錯誤的比較標的所造成的誤解罷了。

僅就個別自衛權來看，案例數雖然較少，但分母小的緣故，風險反而比較高。反之集體自衛權案例雖然多了一個，但風險反而降低了。

如圖43所示，這並不是兩百五十分之三與兩百五十分之四的比較，而是一百五十分之三與兩百五十分之四才是正確的算法，這樣才能符合早先的計算方式，而真正的戰爭風險，會從2%降低至1.6%。

圖43 因行使集體自衛權而導致戰爭發生的案例

	W：戰爭	P：普通
C：個別自衛權	3	247
＋：集體自衛權	(4)	(246)
I：個別自衛權	3	147

(註)括弧內是部分在野黨所主張的數量

換言之，部分在野黨無視行使集體自衛權更能抑制戰事發生的結論。此外，分析到目前為止的戰爭實例，也顯示出集體自衛權能有效地防患於未然。

也有部分反對黨聲稱行使集體自衛權將可能引發戰爭，反而提高風險，看過戰爭數據卻還不承認事實，這發言在國際社會上將會對日本帶來多大的恥辱啊！

此外，對於那些不甚理解集體自衛權的真義，而反對安保法的運動人士以及媒體感到羞愧。

不少人認為「日本自衛隊首度執行集體自衛權的行動是南蘇丹的聯合國維和行動（PKO）」。

這是由於若安保法通過則可透過「馳援護衛」，派遣自衛隊至南蘇丹，以配合聯合國維和行動。（譯註：二〇一六年

十一月十五日，日本已經發布派遣自衛隊至南蘇丹配合聯合國維和行動的新聞）

反對人士是因為對集體自衛權和集體安全保障混淆不清，才會堅決反對。不理解事情的真正意義而妄下定論批判，根本就是站不住腳的言論。

集體自衛權是各國能自由行使的權利，集體安全保障體制則是聯合國才能啓用。而聯合國在行使此權利之前，還必須得先就各國的自衛權優先應對，而各國的集體自衛權也是聯合國集體安全保障連結的對策之一。

如果將聯合國的集體安全體系視為警察，而集體自衛權屬個人正當防衛的應對行動，這樣說明應該比較容易理解吧。

聯合國維和行動（PKO），顧名思義就是聯合國為保衛和平所做出的處置。反對安保法的學者及媒體，是連警察行動與個人正當防衛都完全不瞭解區別才會這樣。

只有學識不足的人才會混淆這兩者的差異。

不少人認為行使集體自衛權較容易引發戰爭，到底是基於何種數據所發表的言論呢？

此章節中也已經論述過，**藉由組成穩固的同盟關係，協定在緊急事態時互相援助，就是所謂集體自衛權的定義。集體自衛權並不會使日本捲入戰爭。**反之，還會由於擁有穩定的結盟體系，進而提升牽制效果，避免戰事發生才是正確的概念。

這世上還是有不少「想要更寬廣、優渥土地」的國家，因此訴諸武力對戰之前，與信賴的國家組成同盟，以集團互相守護的形式昭告天下，這才是自我防衛最基本的概念不是嗎？

亞洲最大的潛在威脅

二次大戰後，亞洲搖身一變成為風波不斷的地區。其中，又是哪個國家對日本的威脅最大呢？

不用說，**首先亮紅燈的當然是中國和北韓了**。

特別是中國的威脅越發嚴重到無法忽視的程度。一九九九到二〇一三年的這五年間，日本自衛隊戰機緊急升空應對中國的次數正快速增加中。

除此之外，中國的漁民還組成了「**海上民兵**」。麻煩之處在於，他們實際擁有海軍的規模，但表面上卻**喬裝成一般漁民，導致他國無法對其動武**。**也就是說，亦漁亦武的海上民兵**，實際上身負中國政府賦予與正規海軍匹敵的任務，這也是日本的隱憂之一。

以本書不斷提及的「民主和平論」切入的話，中國並非民主體系國家，因此視其為容易引發戰爭的威脅之一也十分合理。

究竟為什麼，日本將中國視為眼中釘呢？

理由只有一個，那就是日本曾經侵略中國，而現今的中國是一個以黨領政的國家。國即是黨，黨即為國，可謂是國家主席一言即為全國之依歸。沒有與其匹敵的政黨，也沒有制定憲法加以規範。中國並不採取立憲主義，當然不需要憲法，但還是有人會以「中國也有憲法」加以反駁。的確，中國是有憲法的，但問題是它的內容。

話說回來，憲法的定義就是規範全國的最高法律。

在日本憲法中也有提及「此憲法為全國最高法律，如有違反此條規的法律、命令、條例等，或其他有關國務行為的全部或部分一律無效」。也就是說，個人或國家皆在憲法制約之下，違反憲法的主體即使是政府，也不能撼動憲法體制。不論是何政黨、政權，都必須遵守憲法體系的規範。

回到正題，剛才所說中華人民共和國憲法前言中，制定了四個基本原則，其中之一即為「堅持中國共產黨的領導」。

圖44 自衛隊戰機緊急升空的次數（對手國家）

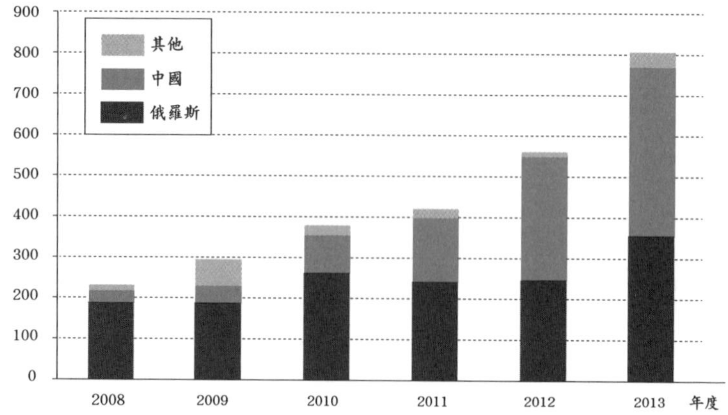

資料來源：平成26年度(2014年) 防衛白皮書

換言之，代表全國最高法律的憲法，居然將共產黨統治中國正當化的理由編入其中。使得本來應是制約政府的憲法，變成支持中國一黨獨裁的工具。

不論是立憲主義的常識，或是連民主邏輯都尚未普遍通用的國家，就位在日本的鄰國，日本國民應該對這個事實有最初步的理解才是。

美日安保條約中，日本的生存之道

如第四章所提到，第一、二次世界大戰後，美國每經過一次戰役就向世界強權位置更靠近一步，接著再利用其強大的經濟與軍事力，提升國際地位，影響力也日漸擴大。

其中，又以「自由」、「民主化」為正義旗幟，多次進行武力介入他國之行動，但如今美國的態度也開始產生變化。

曾經與蘇聯處於核子戰爭邊緣而鬧騰一時的冷戰，最終由西方國家的資本主義意識形態取得勝利。而巴爾幹半島的混亂也是由美軍為主的北約組織軍隊進行空襲轟炸，曾是眾多民族混亂不堪的地域，如今也漸趨安定。之後美方又一味介入中東事務，由小布希開啓的伊拉克戰爭，最後由繼任的歐巴馬決定撤兵。

以突尼西亞二〇一〇年底爆發的茉莉花革命為開端，中東地區的民主化運動（阿拉伯之春）開始如荼如火展開之際，二〇一一年美國又以支援利比亞的民主行動為名，再度空襲轟炸。

不過在二〇一三年，美國又發表了「美國並非世界警察」的言論，昔日積極參與國際事務的態度已不復見。這是因為以武力介入他國事務，得耗費一筆非常可觀的支出，財政吃緊的美國開始以削減軍事費用為目標，因此慢慢地不再插手他國紛爭。

如今美國最關注的就是奠定太平洋和大西洋這兩大洋範圍的國際地位了。

如之前所述，現今的陸上軍事據點只要用衛星監測就會暴露無遺，但如果是核潛艦的話，那麼海上艦隊就較難受到敵軍掌握能來去自如，雖然美方不甚關心領土擴張，但卻不得不注意防衛行動。

目前大西洋上，並沒有值得擔心的大事件，需要擔憂的地方，果然還是在南沙群島大動作頻頻的中國了。美國的海軍戰鬥機在南沙群島上空徘徊壓迫，中方頻頻提出嚴正警告，緊張情勢不斷上演。美方與中國之間為了爭奪太平洋領域的主導權，正陷入了「拉鋸競爭」。二〇一三年歐巴馬的發言後，中國似乎認為此時正是「進攻」的好時機，但對日方來說，為了守護釣魚台列嶼至沖繩，甚至是日本本土的範圍，美國的抽身行動卻會使得日本陷入困境。

美國在二〇〇五年後，每年的軍事預算約支出60至70兆日圓。如果削減軍事預算，代表身為同盟國的日本必須負擔的部分也會增加。

如今日本國內的軍事預算約占全國總預算的二十分之一左右而已（約5%），增加軍事預算後勢必會排擠其他預算，導致日本的財政出現危機（編按：二〇一六年底美國總統大選的結果，川普正式當選新任美國總統，於二〇一七年一月就職，其競選期間曾主張日本政府必須負擔更多軍事費用)。

日本更應在此時與美國繼續保持穩定的同盟關係，但不論如何發展，軍事費用、人力支援都是由美國主導再由日本協力完成的體制，因此美方更應該控制住對太平洋虎視眈眈的中國才是。

現在的越南與菲律賓也都處在中國的政治威脅中。日本應該藉此機會與他國結盟，建構起對中國的防衛網。創作本書時，日本自衛隊與菲律賓的海軍正進行聯合演習，這對中國也會有一定的牽制效果才是。話雖如此，兩國的軍隊實力還是不及中方，不過日本背後尚有與美國的同盟關係，且日本也公認擁有集體自衛權。

在此基礎上，**與越南、菲律賓聯手才是對中國有正向的牽制效果。美日聯手一起抵禦真正具有威脅性的中國，才是日本的生存之道。**

高橋洋一

1955年出生於東京都。都立小石川高等學校(現爲都立小石川中等教育學校)畢業後，進入東京大學理學院數學科、經濟學部經濟學科。之後進修博士時專研政策研究。

1980年進入大藏省(現今的財務省)，曾任大藏省理財局資金企劃室長、普林斯頓大學客座研究員、內閣府參事官(經濟財政諮詢會議特別任命室)、內閣參事官(首相官邸)等職務。在小泉內閣及安倍內閣表現非常活躍，發表過「霞關埋藏金」、「故鄉稅」、「年金定期便」等提案，並致力於政策推動，於2008年卸任。

現擔任嘉悅大學企業創造學部教授、政策工房株式會社代表取締役會長。並著有《愚蠢外交》、《愚蠢經濟》、《圖解皮凱提—21張圖讀懂21世紀資本論》(ASA出版社)，以及曾經榮獲山本七平獎的《再會了！財務省！與官僚爲敵的男子告白》(講談社)等多部暢銷書籍。

國家圖書館出版品預行編目(CIP)資料

圖解 地緣政治
高橋洋一 著；吳秋瑩 譯　修訂一版.
台北市：十力文化，2020.07
ISBN 978-986-99134-0-9（平裝）
1. 地緣政治
571.15　　109008193

圖解 地緣政治 主權、資源與戰爭【修訂版】
世界のニュースがわかる! 図解地政学入門

作　　者　高橋洋一

責任編輯　吳玉雯
翻　　譯　吳秋瑩
美術編輯　劉詠倫
封面設計　劉映辰

出 版 者　十力文化出版有限公司
公司地址　116 台北市文山區萬隆街 45-2 號
通訊地址　11699 台北郵政 93-357 信箱
電　　話　02-2935-2758
網　　址　www.omnibooks.com.tw
電子郵件　omnibooks.co@gmail.com
統一編號　28164046
劃撥帳號　50073947

I S B N　978-986-99134-0-9
出版日期　2020年 7 月　修訂一版第一刷
版　　次　2020年10月　修訂一版第二刷
書　　號　D2006
定　　價　320 元

地址：

姓名：

正貼
郵票

十力文化出版有限公司　企劃部收

地址：台北郵政 93-357 號信箱

傳真：(02) 2935-2758

E-mail：omnibooks.co@gmail.com

十力
文化

讀　者　回　函

無論你是誰，都感謝你購買本公司的書籍，如果你能再提供一點點資料和建議，我們不但可以做得更好，而且也不會忘記你的寶貴想法喲！

姓名／　　　　　**性別／**□女□男　　**生日／**　　　年　　　月　　　日

聯絡地址／　　　　　**連絡電話／**

電子郵件／

職業／□學生　□教師　□內勤職員　□家庭主婦　□家庭主夫
□在家上班族　□企業主管　□負責人　□服務業　□製造業
□醫療護理　□軍警　□資訊業　□業務銷售　□以上皆是
□以上皆非　□請你猜猜看
□其他：

你為何知道這本書以及它是如何到你手上的？

請先填書名：
□逛書店看到　□廣播有介紹　□聽到別人說　□書店海報推薦
□出版社推銷　□網路書店有打折　□專程去買的　□朋友送的　□撿到的

你為什麼買這本書？

□超便宜　□贈品很不錯　□我是有為青年　□我熱愛知識　□內容好感人
□作者我認識　□我家就是圖書館　□以上皆是　□以上皆非
其他好理由：

哪類書籍你買的機率最高？

□哲學　□心理學　□語言學　□分類學　□行為學
□宗教　□法律　□人際關係　□自我成長　□靈修
□型態學　□大衆文學　□小衆文學　□財務管理　□求職
□計量分析　□資訊　□流行雜誌　□運動　□原住民
□散文　□政府公報　□名人傳記　□奇聞逸事　□把哥把妹
□醫療保健　□標本製作　□小動物飼養　□和賺錢有關　□和花錢有關
□自然生態　□地理天文　□有圖有文　□真人真事
請你自己寫：

根據個人資訊保護法，本公司不會外洩您的個人資料，你可以放心填寫。溝通，是為了讓互動更美好，在出版不景氣的時代，本公司相信唯有將書做得更好，並且真正對讀者有幫助，才是唯一的道路。好書、不僅能增加知識還必需能提高學習效率，讓想法與觀念深植人心。能有耐心看到這一行的您，恭喜，只要您填妥此表並傳真至 02-29352758 或郵寄至台北郵政 93-357 號信箱，您將會得到本公司的精美筆記本一冊，請注意！僅限傳真或紙本郵寄方屬有效（因本公司須保留正本資料）但請千萬注意，姓名、電話、地址務必正確，才不會發生郵寄上的問題。還有，郵寄範圍僅限台澎金馬區域，不寄到國外，除非自己付郵資。

順頌　健康美麗又平安